'어떻게 보느냐'가 '어떤 세상인가'를 결정한다

라면
교야

어떻게 보느냐가
세상을 결정한다

01

미국이 세계 최강이 아니라면?

지은이 김준형
초판 1쇄 발행 2008년 6월 10일 | 초판 6쇄 발행 2011년 9월 20일

펴낸곳 뜨인돌출판 주식회사 | 펴낸이 고영은 박미숙
총괄상무 김완중 | 편집장 인영아
기획편집 이진규 | 기획편집팀 이준희 김영은 홍신혜
마케팅팀 이학수 오상욱 진영수 김은숙 | 총무팀 김용만 고은정

북디자인 박대성 | 필름출력 푸른서울 | 인쇄 예림 | 제책 바다

신고번호 제313-2011-185호 | 신고년월일 2011년 7월 5일
주소 121-840 서울시 마포구 서교동 396-46
대표전화 (02)337-5252 | 팩스 (02)337-5868
뜨인돌 홈페이지 www.ddstone.com | 뜨인돌 블로그 blog.naver.com/ddstone1994

책값은 뒤표지에 있습니다.
ISBN 978-89-5807-230-0 04300
      978-89-5807-236-2 04300 (세트)

이 책에 실린 사진들은 가능한 한 저작권 확인을 거쳤습니다.
저작권이 모호하거나 연락이 닿지 않아 확인하지 못한 사진의 경우
연락을 주시면 신속히 해결하겠습니다.

이 도서의 국립중앙도서관 출판시도서목록(CIP)은 e-CIP 홈페이지(http://www.nl.go.kr/ecip)와
국가자료공동목록시스템(http://www.nl.go.kr/kolisnet)에서 이용하실 수 있습니다. (CIP제어번호 : CIP2010000855)

미국을 제대로 보기 위한 가치 있는 가정들

미국이
세계 최강이
아니라면

김준형 지음

뜨인돌

해와 바람이 지나가는 나그네의 외투 벗기기 내기를 했습니다.

바람은 거센 입김을 불어 외투를 벗겨 보려 했지만,

나그네는 도리어 외투의 옷깃을 세게 여몄습니다.

이번에는 해가 따뜻한 볕을 내리쬐었습니다.

그러자 나그네는 아주 쉽게 외투를 벗어 버렸습니다.

해가 내기에서 이긴 것입니다.

일러스트 ★임소영

이 이야기에서 얻을 수 있는 메시지는

"부드러움과 따뜻함의 힘이 더 강하다?"

그러나 여기에서 드는 의문 한 가지.

왜 바람은 하필 해가 제안한 내기에 그대로 응했을까?

외투 벗기기 내기는 바람에게 처음부터 불리했는데….

반대로 외투를 손에 들고 지나가는 나그네에게

외투 입히기 내기를 했더라면?

이야기는 이렇게 바뀌었을 것이다.

해와 바람이 외투를 들고 지나가는 나그네에게

외투 입히기 내기를 했습니다.

해가 햇빛을 따갑게 내리쬐어 외투를 입혀 보려 했지만

나그네는 외투를 입을 생각조차 하지 않았습니다.

이번에는 바람이 거센 입김을 불었습니다.

그러자 추워진 나그네가 아주 쉽게 외투를 입었습니다.

바람이 내기에서 이긴 것입니다.

이 이야기에서 얻을 수 있는 메시지는?

"누가 게임의 규칙을 결정하는가?"

해가 나그네의 옷을 벗긴 진짜 이유

이솝우화를 뒤집는 것처럼 세상도 한번 뒤집어서 바라보면 어떨까요? 여성이 아니라 남성이 차별받는 세상이라면? 미국에서 흑인이 주류 계급이고, 백인이 소수 인종이라면? 군대에 부하보다 상관이 많다면? 한국에도 영국이나 일본처럼 왕이 있다면? 한국은 통일 국가이고, 일본이 분단 국가라면? 이렇게 헤아릴 수 없이 수많은 흥미로운 가정들을 던져 볼 수 있을 것입니다.

역사에는 가정이 있을 수 없다고들 합니다. 역사를 되돌릴 수 없다는 면에서 옳은 말입니다. 그러나 지나간 역사를 되돌릴 수는 없어도, 뒤집어 보고 다른 가정을 해봄으로써 역사의 진실에 더 가까이 다가갈 수는 있습니다. 이는 지나간 과거보다 미래를 더 잘 살아내는 데 도움이 됩니다. 이 책은 그런 의미에서 현 국제정치의 가장 큰 테마인 유일 패권 국가, 미국을 뒤집어 보고자 합니다.

서두에 이솝우화를 인용한 것은 우리의 고정관념을 한번 뒤집어 보자는 뜻도 담겨 있지만, 또 다른 중요한 이유가 있습니다. 바로 게임의 결과도 중요하지만 게임의 종류와 규칙이 더 중요하다는 점을 강조하고 싶었던 것이지요. 해가 승리한 가장 큰 이유는 자기에게 유리하도록 게임의 규칙을 정했기 때문입니다. 오늘날 국제정치는, 가볍게 말하자면 국가 간에 이익을 놓고 경쟁하는 게임이고, 심각하게 얘기하자면 사느냐 죽느냐 하는 전쟁에 비유할 수 있습니다. 게임이든 전쟁이든 누가 규칙을 정하느냐가 승패에 지대한 영향을 끼칠 수밖에 없습니다.

국제정치에는 법률이 존재할 수 없다고들 합니다. 물론 국제법이라는 것이 있지만 국내정치와 달리 중앙정부가 없으므로 법을 강제적으로 집행하기 어렵습니다. 그래서 국제정치를 일종의 무(세계)정부anarchy 상태라고도 하지요. 때로 유엔 같은 국제기구가 정부의 역할을 하는 듯 보이지만, 거기에도 한계가 있음을 우리는 잘 알고 있습니다. 무정부 상태인 국제정치에서 가장 중요하게 부각되는 것은 따라서 법보다는 권력, 즉 힘입니다. 국제정치에서 법은 권력의 보조 역할에 머무를 뿐입니다. 다시 말하자면 힘이 강한 국가가 이길 가능성이 절대적으로 높은 것이 국제정치인 것이지요. 권력이 우선하니 당연히 어떤 규칙 아래서도 강대국이 약소국을 이길 가능성이 크고, 강대국의 힘이 월등하게 강할 경우에는 아예 강대국이 규칙을 정하기도 합니다. 그런 상황이 극대화된 것이 패권이며, 패권 국가는 마치 국내정치의 정부와 같은 역할을 담당하기도 합니다. 규칙을 정하는 것은 물론, 그 규칙을 강제로 집행하기도 하지요. 그렇다면 패권국이 모두가 만족할 수 있는 공평한 게임의 법칙을 정할 수는 없을까요?

공평무사를 뜻하는 '정의justice'의 기본 원리를 설명할 때, 종종 파이 나누기에 비유합니다. 파이 하나를 둘이 나눠 먹을 때 가장 공평한 방법은, 한 사람이 파이를 자르고 나머지 사람이 어떤 파이를 먹을지 선택하는 것입니다. 그러나 국제정치에서는 파이를 자르는 사람이 선택까지도 먼저 하는 일이 훨씬 많습니다. 패권 국가라 함은 칼자루와 선택권을 모두 가지고 있는 국가입니다. 둘 다 가지고 있으면 파이를 정확하게 나누기보다는 한쪽은 최대한 크게, 다른 한쪽은 최대한 작게 자른 다음, 큰 파이를 가져갈 것입니다. 물론 패권 국가라고 해서 늘 자기 배만 채우고, 다른 국가들을 침략하거나 못살게 구는 것은 아닙니다. 때로는 공평한 규칙을 정하는 것이 자신에게 유리할 수도 있으며, 그럴 경우 힘을 덜 들이고도 다른 국가들로 하여금 자발적으로 자신이 원하는 대로 따라오게 할 수 있기 때문이지요.

그렇다면 미국은 과연 어떤 강대국일까요? 우리는 미국에 대해 말할 때 패권hegemony과 제국empire이라는 용어를 자주 사용합니다. 때로는 별 구분 없이 사용되는데, 엄격하게 말하면 둘 사이에는 매우 중요한 차이가 있지요. 우선 제국은 침략을 통해 다른 국가들을 식민지로 복속시키면서 영토를 확장하는 국가를 가리킵니다. 멀게는 고대 로마나 중국의 제국들이 여기에 해당되지요. 그런데 하나의 세계적 조류로서 제국주의를 가리킬 때는 1차 시기로 15~16세기의 스페인과 포르투갈을, 2차 시기로는 18~20세기 동안 등장했던 프랑스제국, 대영제국, 네덜란드제국 등을 이야기하지요. 여기서 제국주의는 당시 대부분의 유럽 국가가 앞 다투어 식민지 개발에 나서면서 다른 국가들을 자신들의 원료 공급지와 시장으

미국이 세계 최강이 아니라면?

로 만들어 착취를 일삼았던 현상을 말합니다.

이에 반해 패권은 제국이라는 용어보다 다소 추상적이고 포괄적인 의미를 갖고 있습니다. 패권이란 다른 국가보다 월등하게 큰 힘을 가지고 있어서, 상대 국가가 어떤 영향을 받을 것인가는 전혀 상관없이 패권의 이익에 따라서 행동하게 만드는 권력을 말합니다. 패권국은 당연히 그런 권력을 가진 국가이고요. 그렇다면 제국은 침략적 경향을 가진 데 반해, 패권국은 보다 중립적인 경향을 가지는 국가를 뜻하는 것일까요? 언뜻 듣기에 제국은 나쁘고, 패권은 좋은 강대국을 뜻하는 것 같습니다. 클린턴 행정부 시절 국가안보보좌관을 역임했던 샌디 버거^{Sandy Berger}는 "미국은 제국주의 국가가 아닌 역사상 최초의 글로벌 파워"라고 주장했습니다. 조지 W. 부시 대통령도 "미국은 단 한 번도 제국주의인 적이 없었으며, 제국이 될 기회가 있었지만 이를 거부한 역사상 유일한 강대국"이라고 선언한 바 있습니다. 미국은 이렇게 자신의 나라가 제국이라고 불리는 것을 꺼려합니다.

정리해 보면, 패권국은 국제정치의 규칙을 결정하고, 그 규칙을 실행하도록 강제할 수 있기 때문에 다른 국가의 운명까지도 좌지우지할 수 있는 국가입니다. 그래도 제국에 비해서 일단은 중립적으로 쓰이는 용어이지요. 그러나 실제 역사를 관찰해 보면 제국과 패권은 상당 부분 겹쳐서 나타났습니다. 즉 패권국들 대부분이 제국주의 경향을 보였다는 것입니다. 패권에 대해 학자들 사이에서도 이견이 존재해 왔습니다. 자유주의 학자들은 패권을 '국내 정부가 철도, 항만, 치안 같은 공공재를 공급하듯, 국제정치에서 안보나 질서 등을 제공하는 '착한 리더십'이라고 말합니다. 이는 다분히 미국의 역할을 염두에 둔 언급입니다. 그러나 반대로 좌파학자들은 패권을 '이익을 위해 자신의 방식대로 국제 질서를 강제하는 악한 리더십'이라고 규정합니다.

제국과 패권 사이에는 또 다른 차이가 존재합니다. 그것은 제국주의 국가는 역사상 많았지만, 그중에 패권이라고 부를 만한 국가는 생각보다 많지 않다는 사실입니다. 제국은 다수가 경쟁하며 식민지를 개척하는 열강을 모두 가리키지만, 패권국은 그것이 한 대륙에든, 아니면 전 세계를 향해서든 간에 타의 추종을 불허하는 우위를 가지고 지배 권력을 행사했던 국가를 지칭하기 때문이지요. 우리가 지금 다루고자 하는 미국은 물론 제국이며, 동시에 패권입니다. 그것도 역사상 전례 없는 패권 말입니다.

이 책에서는 네 가지 영역에 걸쳐 미국 제대로 보기를 시도할 것입니다. 먼저 제1부에서는 미국이 제2차 세계대전 이후 다시 고립주의로 돌아가 버렸을 경우를 가정해 봅니다. 이를 통해 미국이 오늘날 무소불위의 패권으로 등장하기까지 어떤 과정을 겪어 왔는지 살펴볼 것입니다. 제2부에서는 냉전 시대로 돌아가 냉전의 본질에 대해 알아보고자 합니다. 냉전 시대에 미국과 소련이 이념적으로 대결한 것이 아니라, 각 진영 내부의 반대자를 제압하기 위해 서로를 이용한 것이 아니냐는 문제 제기를 할 것입니다. 제3부에서는 탈냉전 이후 통제와 인내의 고삐가 풀린 미국을 진단하고자 합니다. 9.11 테러 이후 무리한 패권 확장에 돌입한 미국이 앞으로 어떤 운명을 따라가게 될지 패권의 미래를 짚어 볼 것입니다. 제4부에서는 패권 국가 미국이 국제정치적 맥락에서 우리에게 어떤 존재인지에 관해 집중합니다.

미국 때문에 수많은 문제가 발생하지만, 동시에 미국 없이는 아무것도 해결할 수 없는 세상에 우리가 살고 있는지도 모릅니다. 이는 미국의 진정한 실체를 모르고서는 세상을 제대로 이해할 수 없다는 뜻이기도 합니다. 미국은 세계 최강의 국가로서 이솝우화의 해처럼 자신에게 유리하도록 게임의 법칙을 정했기 때문에 절대 질 수 없는 싸움을 해왔다고 할 수 있습니다. 우리는 이 책에서 미국 패권의 실체를 파헤쳐 그것이 세계, 또 우리에게 어떤 의미인가를 알아보고자 합니다.

1

미국이
패권 국가로
등장하지
않았더라면?

미국이 제2차 세계대전 이후 다시 고립주의로 돌아갔다면 세계는 어떻게 되었을까? 소련이 세계의 주도권을 잡고 미국은 무반응 또는 소극적인 반응만 했다면? 그랬다면 세계에 사회주의 혁명이 몰아쳤을까? 아니면 제3차 세계대전이 일어났을까? 1부에서는 미국이 세계 최강의 패권이 아니었을 경우 발생했을 수 있는 일들을 가정해봄으로써 미국이 구세계 유럽과 대비되는 신세계 미국이라는 정체성을 가지게 된 과정과, 그 이후 패권을 향해 던진 세 번의 도박을 차례로 살펴본다.

1945년, 전쟁이 끝난 후

영국의 세기가 마침내 종말을 고했다. '해가 지지 않는 제국'도 결국 제2차 세계대전과 함께 석양 너머로 지고 말았다. 그렇다면 그동안 세계 역사를 지배하며 한 번도 그 자리를 내어주지 않았던 유럽의 세기도 함께 끝날 것인가? 전쟁이 끝난 후에도 아무도 영국을 이어 패권의 길을 가려 하지 않았다. 스페인 뒤에는 프랑스가 있었고, 프랑스 뒤에는 영국이 뒤따랐는데, 이제 영국의 뒤를 누가 이을지 알 수 없었던 것이다. 유럽은 제1차 세계대전과 제2차 세계대전 사이에 가장 유력한 후보로 미국을 생각했지만, 미국은 이를 외면했다. 유럽의 전황이 아무리 불리해도 무기만 팔아먹었을 뿐, 미국은 끝까지 제2차 세계대전에 참여하지 않았다.

유럽인들은 공포에 사로잡혔다. 물리적 피해는 물론이고 전쟁 직후의 심리적 공황상태가 커지면서 두 가지 음모론이 유럽인들의 마음을 파고들었다. 하나는 소위 '황화론'의 재등장이었다. 황인종이 곧 화가 될 것이라는 말인데, 13세기 몽골 제국 칭기즈칸의 습격 이후 유럽은 늘 동양의 침노에 대한 알레르기가 잠재해 있었다. 그러다가 청일전쟁 당시 독일의 빌헬름 2세가 황인종을 억압하지 않으면 언젠가는 유럽이 당하고 말 것이라는 경고를 하면서 황화론이 본격화되었다. 비록 일본이 제2차 세계대전에서 패전했지만, 세계대전을 일으킨 주역이 될 만큼 성장했다는 사실도 공포를 자아내기에 충분했다.

1
1897년 세계지도 색으로 표시된 부분이 대영제국 영토였다. 대영제국이 절정기일 때 영국은 세계 영토의 약 4분의 1을 가졌으며, 이는 역사상 가장 큰 규모였다. 가히 본토의 해가 져도 지구 어딘가의 식민지에서는 해가 뜨는, '해가 지지 않는 나라'를 건설한 것이다. '해가 지지 않는 나라'라는 이름은 얼핏 웅대하고 명예로워 보이나, 한편 약소국에 대한 침략과 착취의 역사를 의미하기도 한다.

2
몽골이 유럽 원정을 계속했다면? 몽골은 1200년대 초에 정복 활동을 시작하여 유럽 원정에까지 나섰다. 유럽인들은 몽골의 또 다른 이름인 '타타르'가 지옥을 뜻하는 라틴어 '타르타르'와 비슷했기 때문에 몽골의 침략을 사탄의 저주, 혹은 유럽의 타락에 대한 신의 경고로 여겼다. 몽골군은 1241년에 폴란드의 레그니차에서 유럽 연합군을 전멸시키고, 헝가리까지 폐허로 만들었다. 그러나 같은 해 몽골군의 지도자가 사망하자 후계자 선출을 위해 장수들이 모두 회군하게 되고 유럽 원정도 자연스럽게 멈추게 되었다.

두 번째 시나리오는 소련의 등장이었다. 전통적인 러시아 범슬라브주의도 문제인데다 1917년 사회주의 혁명으로 유럽 국가와는 전혀 다른 길을 택한 소련도 늘 껄끄러운 존재였다. 비록 히틀러가 무리한 욕심을 부려 소련까지 침공하는 바람에 소련이 연합국의 일원이 되었지만 유럽인들에게는 전혀 신뢰할 수 없는 국가였다. 게다가 소련은 제2차 세계대전에서 2천만 명이 넘는 희생자를 냈다는 이유로 모든 전후 처리에서 기득권을 주장하였고, 이를 통해 유럽 패권 획득을 노리는 움직임이 간파되었다.

진짜 문제는 두 시나리오가 합쳐져 동시에 일어날 경우, 즉 소련의 야욕과 황화론이 결합하는 상황이었다. 이는 유럽 국가들에게 최악의 시나리오가 될 것이었다. 소련은 중국의 공산혁명을 도왔으며, 베트남과 한국에도 친소위성정권을 수립했기 때문에 여기에도 충분한 가능성이 있었다. 러시아는 대대로 유럽과 아시아 사이에서 정체성 혼란을 겪었으며, 유럽에 대해서는 늘 열등감을 가지고 있었다. 이제 그 오랜 열등감을 떨쳐 버릴 최고의 기회가 온 것인지도 몰랐다.

유럽은 가만히 앉아서 당할 수만은 없다고 생각했다. 세계 패권을 열등한 인종들에게 넘겨줄 수는 없는 일이었다. 전 유럽이 한 목소리로 미국에게 애원했다. 미국은 그래도 유럽에 그 뿌리가 있으니까 중국이나 소련에 패권을 넘겨주는 것보다는 낫다고 여겼다. 유럽은 미국만이 세계 평화를 지켜줄 수 있고, 또 유구한 서구 문명을 지킬 수 있는 유일한 희망이라는 말로 미국을 설득했다. 유럽은 미국이 자신을 지켜준다면 팍스 아메리카나를 적극적으로 돕겠다고 서약까지 했다.

미국은 이 요청을 받아들일 것인가? 유럽은 그때까지 미국을 2등 국가로 취급하며, 유럽 세계의 일원으로 여기지 않았었다.

미국은 과연 유럽이 내민 손을 잡고 말 것인가?

1
붉은 물을 막아라! 제2차 세계대전 직후 미국은 공산주의가 유럽 내에서 확장되는 것을 방지해야 한다는 입장이
었다. 그래서 적극적으로 유럽에 대한 정치·경제·군사적 개입을 하기로 했다. 마셜 플랜Marshall Plan은 그중 서
유럽에 대한 경제적 원조였고, 북대서양조약기구NATO는 소련의 세력권 확대를 경계하여 맺은 안보동맹 체제다.
일반적으로 서유럽은 영국, 아일랜드, 프랑스, 베네룩스3국, 스위스, 오스트리아, 모나코, 리히텐슈타인, 독일 등을
말한다.

2
민간인 희생의 전쟁 제2차 세계대전은 역사상 가장 참혹한 살육전이라고 해도 과언이 아니었다. 5,000만 명 이
상의 사람들이 목숨을 잃었으며, 특히 전방에 있는 군인들뿐만 아니라 민간인의 사상자도 엄청났다. 가장 많은 희
생자를 낸 소련의 경우, 군인 사망자만 최소 870만 명이었고, 민간인 사상자는 그 두 배를 넘었다.

신세계 미국의 탄생

미국, 세계지도에 선을 긋다

미국이 제2차 세계대전 이후에도 세계의 리더십을 장악하지 않았더라면? 앞에서 소개한 가상 시나리오가 전혀 실현 가능성이 없었다고 할 수는 없을 것 같습니다. 만약 우리가 위와 같은 가정을 한다면, 미국이 제2차 세계대전 이후 패권을 장악한 것을 천만다행으로 여겨야 할까요? 경제적으로는 잿더미가 된 세계 경제를 복구하고, 정치적으로는 서구의 자유민주주의를 공산주의의 위협으로부터 지켜낸 구원자라는 결론에 이를수 있을까요? 실제로 전후 미국은 가상 시나리오와 달리 고립주의를 내던지고 적극적인 패권으로 도약했습니다. 미국의 영향력은 이후 세기를 넘어 오늘까지 계속되고 있고요.

오늘날 미국 패권의 본 모습을 알기 위해서는 미국 건국의 첫 장면을 잠깐이라도 살펴볼 필요가 있습니다.

1620년 12월 21일. 102명의 영국 청교도들이 종교의 자유와 평등 사회를 꿈꾸며 메이플라워Mayflower 호를 타고 매사추세츠 주의 플리머스Plymouth 항에 도착했습니다. 미국에 정착한 청교도들은 영국의 종교 탄압을 벗어

메이플라워호, 축복 혹은 재앙? 메이플라워호의 상륙이 미국 건국의 상징으로 알려져 있기 때문에 마치 최초로 아메리카 대륙에 도착한 것처럼 여겨지고 있지만, 사실 최초의 식민지 건설 시도는 이보다 13년 전에 일어났다. 영국인들이 이미 1607년에 제임스 강에 상륙하여 제임스타운을 건설한 것이다. 1610년 이후 영국 정부는 미국을 죄수들을 추방하는 곳으로 사용했다.

나 자유를 획득했지만, 본국인 영국과의 관계를 완전히 끊을 수는 없었지요. 점차 종교인들뿐만 아니라 미국을 식민지로 만들어 경제적 이익을 취하고자 하는 세력들이 꾸준히 정착하면서, 미국은 사실상의 영국 식민지가 되어 갔습니다. 다만 영국이 18세기 초에 이르러 13개의 식민지를 개척하고 조직적인 움직임을 시작할 때까지는 사적인 차원의 연결이었습니다. 다른 제국들과 달리 복종과 수탈의 관계는 아니었지요. 그러나 시간이 흐르면서 사정은 달라졌습니다. 영국은 미국이라는 매력적인 이익을 포기하지 못하고 오히려 완전히 복속시키고자 했던 겁니다. 당연히 미국에 터전을 일구어 온 사람들은 종교적으로나 경제적으로는 물론, 정치적으로도 독립하기를 원했고, 결과는 충돌뿐이었습니다. 독립전쟁에 돌입한 미국은 1776년에 건국을 선언했으며, 5년 후 마침내 영국군을 완전히 몰아내고 실질적인 독립을 쟁취했습니다.

역사가들은 미국이 영국으로부터 독립한 것을 두고 '아메리카혁명'이라고 부릅니다. 한 나라의 독립전쟁을 왜 혁명이라고 말할까요? 그 이유는 이 역사적 사건이 프랑스혁명과 더불어 18세기 시민사회를 불러오는 데

새로운 영국, 최고의 제안 신세계 미국으로의 이주를 권하는 1609년의 광고 전단. 수많은 유럽인들이 큰돈을 벌기 위해 미국으로 떠났다. 미국은 유럽인들에게 꿈의 땅이었던 것이다. 전단지의 헤드 카피는 '새로운 영국, 최고의 제안'이다.

결정적 역할을 했기 때문입니다. 미국은 영국의 세금 징수를 거부했고, 절대군주제를 반대했으며, 인민주권과 평등권을 획득하기 위해 저항했습니다. 단순한 식민지 국가의 분리 독립이라는 의미를 넘어 절대적인 국가권력으로부터 인민이 해방되려는 시도였던 것이지요.

미국의 독립은 국제정치적으로도 매우 중요한 전환점이었습니다. 미국은 전쟁이 난무하는 권력투쟁의 야만적인 유럽 체제를 벗어나 새로운 체제를 건설한다는 원칙을 내세웠습니다. 유럽이 국내로는 전제정치로 인간의 존엄성을 파괴하고 대외적으로는 전쟁만 일삼는 구체제, 즉 앙시앵 레짐ancien régime에 있었다면, 미국은 내부로는 개인의 존엄성을 극대화하고, 대외적으로는 평화와 협력을 추구하는 신세계new world라고 선포했던 것입니다.

제국주의에 관한 미국의 착각

미국인들은 오늘날까지도 자신의 나라를 '제국empire'이라고 부르는 데 상당한 반감을 가지고 있습니다. 과거 무력으로 식민지를 정복하고 착취하였던 스페인, 포르투갈, 네덜란드, 영국 등의 구체제와 자신을 동일시하는 데 대한 불만이지요. 유럽은 명예혁명과 프랑스혁명을 경험하고서도 공화제와 자유 및 평등의 가치관을 부정하고 다시 전제정치로 복귀했으며, 제국주의 착취도 다시 시작되었습니다. 반면에 미국은 독립을 계기로 헌법을 만드는 것부터 국가 건설, 운영에까지 혁명정신을 살려 세계의 모델이 되는 민주국가를 건설했다는 사실에 지금도 자부심을 느낍니다. 미국도 한때 영국의 식민지로 고통 받은 경험이 있기 때문에 다른 국가를 무력으로 정복하지 않겠다는 의지도 깔려 있었던 것입니다.

여기서 질문 하나. 이러한 미국인들의 인식은 사실과 얼마나 가까울까요? 미국은 과거의 유럽 제국주의 국가들과 비교하면 영토 정복을 통한 직접 지배 정책을 상대적으로 덜 추구해 왔다고 말합니다. 그러나 미국 역시 그 땅의 원래 주인이었던 아메리카 원주민을 7천만 명 이상이나 살해하고 세워진 국가이며, 필요할 경우 중남미, 아시아, 중동을 향한 무력 행사를 주저하지 않았습니다. 그리고 미국 제국주의의 단위는 식민지가 아니라, 군사기지입니다. 미국은 직접적인 지배를 하는 대신 군사기지를 만들고, 때로는 군인을 주둔시키면서 영향력을 유지합니다. 미국식 자본주의를 통해 경제적인 착취를 하는 것은 물론이고요.

미국도 과거에 식민지였다는 사실, 그러므로 식민지 역사를 가진 나라의 마음을 헤아리기 때문에 다시 지배하려 하지 않는다는 것도 역시 무리한 주장입니다. 미국도 영국과의 독립전쟁에서 많은 피를 흘렸지만, 이는 아시아와 아프리카의 식민지 국가들이 겪은 착취와는 전혀 다른 차원이었습니다. 그래서인지 오늘날 미국인들은 영국 식민지 기간을 콜로니얼colonial 시대라고 부르며 오히려 자랑스러워합니다. 콜로니얼은 대학 농구의 팀명이나 가게, 음식 등 전통을 의미하는 것에 붙일 정도로 미국인이 사랑하는 단어가 되었습니다. 이 단어를 좋아하는 데에는 물론 독립전쟁에서 이겼다는 자부심도 있겠지만, 한편으로는 강한 국가에 의해 처절하게 착취당한 제3세계의 식민지와 미국의 처지는 비교될 수 없음을 확인해 주지요.

우아하지만 이기적인 고립주의

아무튼 신세계 미국은 출발부터 '우아한 고립주의'에 유난히 집착했습니다. 초대 대통령 조지 워싱턴George Washington은 1793년 고별 연설에서까지, 재임 시절 누누이 당부했었던 고립주의 정책을 자기가 떠난 후에도 계속 견지해 줄 것을 부탁했을 정도였지요. 유럽의 진흙탕 싸움에 절대 빠지지 말라는 것이었습니다. 당시 신생국이었던 미국에게는 끊임없이 전쟁을 재생산해 내는 유럽의 동맹 정치나 세력 균형에 말려드는 것이 곧 파멸을 의미했으니까요. 미국의 이러한 초기 고립주의 원칙은 후임 정권에서도 계속 이어졌고, 마침내 1823년 먼로James Monroe 대통령에 와서 미국 최초의 공식 대외정책으로 채택되었습니다. 이를 먼로주의, 즉 먼로 독트린이라고 합니다. 먼로 독트린은 당시 유럽 상황과 깊은 관련이 있습니다. 나폴레옹 전쟁이 끝나고, 영국과 러시아, 오스트리아, 프로이센은 보수동맹, 즉 민권혁명의 전파를 막고 절대 군주 체제의 부활과 유지를 위해 신성동맹을 결성했지요. 먼로 독트린은 이에 대한 미국 측의 반응이었습니다. 보수주의가 부활한 유럽이 미주 대륙 전체에 대해 기득권을 주장할지도 모른다는 점이 두려워 선제대응을 한 것이지요. 즉, 고립주의는 미국적 이상을 재천명한 것이라고 할 수 있으나, 한편으로는 유럽에 대응할 국력이 부족하여 취한 일종의 궁여지책이었던 것입니다. 또한 남미를 포함한 미주 대륙 전체가 자신의 세력권임을 못 박아 두겠다는 행동이었으며, 해

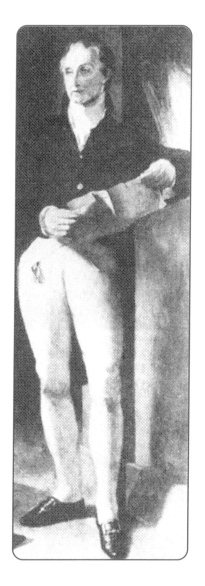

제임스 먼로

미국 제5대 대통령 제임스 먼로James Monroe. 먼로 독트린은 미국 외교사에 그어진 큰 획이었다. 먼로 독트린은 제국주의의 개입이나 간섭에 등을 돌린 고립주의로 보이지만 실제로는 적극인 팽창주의를 담고 있다. 상대적으로 열세인 유럽에 대해서는 고립주의를 표방하고, 우월한 아메리카 대륙에는 강력한 개입 정책을 행사한 것이다.

석하기에 따라서는 적어도 자신의 세력권은 그 누구도 넘볼 수 없다는, 고립주의의 범위를 넘는 적극적인 대외정책이라고도 할 수 있습니다. 미국의 강력한 의지 때문이었든지, 태평양과 대서양으로 분리된 천혜의 지정학적 위치 때문이었든지, 그것도 아니면 유럽 열강들의 정치적 역학으로 인한 것이었든지, 또는 이 모든 요소들이 합쳐진 결과였든지, 아무튼 미국은 제2차 세계대전 이후 고립주의를 완전히 포기할 때까지 100년 이상 먼로 독트린을 유지하며 국력을 키워 갔습니다.

하지만 그렇다고 미국이 모든 분야에서 '우아한' 고립주의를 지킨 것은 아니었습니다. 유럽과의 경제적 관계는 처음부터 고립의 대상이 아니었지요. 정치적으로도 유럽 열강과 어깨를 견줄 만큼 국력이 성장하자 서서히 대외 관계를 확대하기 시작했습니다. 먼로 독트린의 선언 이후에 남미 지배에 대해서 보다 적극적 자세를 보였고, 멕시코와 크고 작은 전쟁을 벌여 영토를 확장한 것도 그런 예지요. 앞에서도 지적했지만, 미국의 진짜 정체성은 정복과 팽창에 의한 국가 건설이었습니다. 우리가 자주 잊고 있는 사실이 하나 있습니다. 미국은 다른 국가의 지배에서 벗어난 것이 아니라, 정복과 팽창으로 얻은 땅에 대한 권리를 나중에 빼앗으려던 본토로부터 독립한 것이라는 사실입니다. 미국인 스스로는 부인해 왔지만, 또 건국의 원칙과 현실적 상황으로 인해 본성을 자제하고 있지만, 근본적으로는 제국주의 국가인 것입니다.

이렇듯 미국의 고립주의는 표면적으로는 고립이었으나, 잠재적으로는 팽창 정책을 조심스럽게, 그러면서도 꾸준히 키워 왔다는 양면성이 있습니다. 고립주의 기간에도 미주 대륙 내부에서는 꾸준히 영토 확대를 해온 것만 봐도 그렇습니다. 19세기 전반에 미주 대륙의 영토 정복을 어느 정도 마무리하고 국력도 키운 미국은 같은 세기 후반에 소위 문호개방정책^{open}

door policy의 이름으로 미주 대륙을 벗어나 원거리 해외 진출을 모색하기에 이르렀습니다. 1898년 스페인과의 전쟁에서 이겨 필리핀을 차지한 다음 자신감을 얻은 미국이, 중국을 사이에 둔 유럽 열강과의 경쟁에 뒤늦게 뛰어들면서 던진 카드가 바로 이 문호개방정책이었습니다. 물론 영토 정복을 목적으로 하지 않고 중국에 대한 교역권의 평등을 보장하라는 요구를 담아 보낸 선언적 정책이었지만, 그것은 미국이 후발주자였기 때문에 어쩔 수 없이 선택한 것입니다. 일단은 교역권을 획득한 뒤에 본격적으로 경쟁하겠다는 의도였지요. 문호개방정책은 제2차 세계대전까지 40년을 지탱하면서, 미국의 제국주의적 성향을 키워 왔습니다. 그러므로 미국이 제2차 세계대전으로 인해 갑작스럽게 고립주의를 버린 것은 아닙니다. 어떤 면에서 보면 미국은 패권으로 등장하기 위해 오랜 시간 동안 힘과 경험을 비축하고 있었다고 볼 수 있지요.

패권을 향한 첫 번째 도박: 데뷔전

제국주의, 세상을 물들이다

미국은 제국이라는 말은 물론이고, 패권으로 불리는 것 역시 그리 달가워하지 않습니다. 미국은 아마 '자유 세계를 이끄는 리더십'으로 불리는 것을 가장 좋아할 것입니다. 그 다음으로 선호하는 단어가 '세계 경찰'이라는 말 아닐까요? 세계 경찰이 과연 어떤 의미인가는 나중에 자세히 다루기로 하고, 여기서는 미국이 세계 경찰의 역할을 하게 된 과정을 들여다보도록 하지요. 그 '데뷔'의 계기는 누가 뭐래도 제1차 세계대전일 것입니다. 제1차 세계대전은 미국이 패권의 가능성을 보이며 세계 무대에 첫선을 보인 루키rookie의 데뷔전이었습니다.

앞서 언급했듯이 유럽 열강들이 끊임없는 전쟁으로 서로의 국력을 갉아먹고 있는 사이에 미국은 고립주의를 견지하며 방해받지 않는 환경에서 탄탄한 강대국이 되어갔지요. 그러나 미국이 제아무리 천혜의 자원을 갖고 있다 하더라도, 자급자족 경제하에서 패권 국가로 성장하는 데는 한계가 있었습니다. 그래서 정치·군사적인 고립주의 속에서도 경제적으로는 적극적인 대외 관계를 맺어 나간 것이지요. 세계의 중심인 유럽, 특히 영국과의 끈은 미국이 부상하는 데 필수적인 파이프라인과 같았습니다.

유럽이 수 세기 동안 전쟁을 하게 된 이유도 따지고 보면 제국주의 정책을 통해 부강해지려 했기 때문입니다. 국력은 곧 군사력이고, 군사력은 경제력에서 나오지요. 군사력을 키우려다 보니 부강한 경제가 필요했고, 부강한 경제를 만들기 위해 군사력을 사용해 영토를 확장하고 경제적 이득을 취한 것입니다. 이것이 제국주의의 가장 기본적인 존재 방식입니다. 그래서 유럽은 앞 다투어 식민지 개척에 열을 올렸습니다. 15~16세기부터 일찌감치 시작한 스페인과 포르투갈이 선두였고, 19세기에는 거의 모든 유럽 국가가 제국주의 개척에 뛰어들었지요. 처음에는 남의 땅에 막대기만 꽂으면 그대로 식민지가 되었습니다. 대표적인 경우가 아프리카 대륙입니다. 영국은 이집트부터 남아프리카까지 종단을 하여 식민지를 개척했고, 프랑스는 서부 알제리부터 시작해 동쪽으로 횡단을 해나갔습니다. 독일과 이탈리아, 벨기에 등도 경쟁에 뛰어들어 아프리카 대륙은 에티오피아와 라이베리아만 명목상 독립국으로 남고 나머지 모든 국가가 식민지가 되는 비운에 빠졌습니다. 아프리카보다는 조금 나았지만 아시아 대륙의 상황도 별반 다르지 않았습니다.

19세기 초에는 전 세계 국가의 3분의 1정도가 제국주의의 식민지였던 것이, 1870년경에는 3분의 2로 늘어났고, 제1차 세계대전 직전에는 80퍼센트가 유럽의 식민지로 전락했습니다. 그중에서도 대영제국은 자국 영토의 백배가 넘는 영토를 차지하여 말 그대로 '해가 지지 않는' 제국을 이루었습니다. 영국이 세계 패권을 구가하는 것은 너무나 당연했지요. 당시 유럽에 의해 식민지가 되지 않은 곳은 오직 미주 대륙뿐이었습니다. 먼로 독트린의 선언으로 인해 대륙이 미국의 세력권이라는 인식이 있었기도 했지만, 경제적으로도 유럽에게 그리 매력적이지 않았기 때문이었습니다.

아메리카 원주민은 왜 백인들에 의해 유린당했나?
여러 가지 이유가 있으나 가장 중요한 점은 그들에게 철기 문화가 없었고 말馬을 사용할 줄 몰랐다는 것이다. 아메리카 대륙에 오랫동안 고립되어 있던 아메리카 원주민들은 상당한 수준의 문명을 발전시켰으나 군사적으로는 나무 몽둥이와 방패로 무장하는 정도였기 때문에 철제 칼과 총으로 무장한 채 말을 타고 달리는 백인들을 당해낼 수 없었다. 그들이 칼과 총, 말을 이용하게 된 것은 17세기, 백인들을 통해서였다.

―이효성 「미국 이야기」 중에서

수 세기 동안의 제국주의 경쟁은 마침내 문제를 일으키고 맙니다. 더 이상 차지할 땅이 없게 되자 이제는 상대방의 땅을 빼앗으려 하기 시작한 것입니다. 그 충돌의 절정이 바로 제1차 세계대전입니다. 전쟁을 일으킨 나라는 영국과 프랑스를 앞질러 패권국이 되고자 했던 독일입니다. 미국은 참여하지만 않았지 원래부터 긴밀한 관계에 있던 영국의 군수품 기지 역할을 하여 엄청난 부를 축적할 수 있었습니다. 이처럼 누군가의 피를 흘리는 전쟁은, 다른 한편에서 누군가의 배를 불리는 법입니다. 두 차례 세계대전은 미국을, 한국전쟁은 일본을, 그리고 월남전쟁이 한국과 일본의 성장을 도왔듯이 말입니다. 누군가는 피를 흘리고, 다른 누군가는 그 피로 인해 부자가 되는 것, 그것이 바로 전쟁입니다.

미국이 세계 최강이 아니라면?

그런데 유럽의 전쟁을 강 건너 불구경하던, 아니 사실은 전쟁 물자를 퍼다 나르며 불난 데 부채질하던 미국이 직접 전쟁에 뛰어들게 된 계기가 생겼습니다. 독일이 차츰 불리해지는 전세를 뒤집기 위해 모험수를 던졌던 것입니다. 독일은 우선 영국으로 들어가는 물자 공급을 끊기 위해 모든 선박에 'U-보트 작전'이라고 불리는 잠수함 공격을 감행했습니다. 이 작전으로 인해 미국이 참전하게 될 수도 있음을 독일도 예상은 했었습니다. 하지만 물자 공급을 끊지 못하면 패배가 확실해지는 상황이었기 때문에 어쩔 수 없었던 것이죠. 그래서 미국이 참전하기 전에 영국을 쓰러뜨리겠다는 도박을 했습니다. 독일의 공격으로 알짜배기 장사를 못하게 되자, 미국은 드디어 제1차 세계대전에 참전합니다. 물론 당시 윌슨 대통령은 '장사를 계속하기 위해서'라고는 절대 말하지 않고, '세계 민주주의 수호를 위해'라며 참전의 의미를 설명했습니다만, 사실은 자본가 이익을 위한 제국주의적 동참의 성격이 훨씬 더 컸지요.

'착하게' 등장한 세계 경찰, 미국

미국의 참전으로 제1차 세계대전의 승리는 연합국으로 돌아갔습니다. 그리고 미국은 전쟁의 참화에서 인류 문명을 구해 낸 '착한 세계 경찰'로 부상했고요. 미국이 세계 경찰로서 일약 데뷔한 것입니다. 제1차 세계대전 발발 당시 이미 세계에서 가장 높은 일인당 국민소득을 돌파한 미국은 능력 면에서도 충분히 영국 패권을 대체할 수 있는 후보였으며, 전후 처리에서 보인 지도력은 이를 더욱 분명하게 확인해 주었습니다. 거기에 윌슨 대통령은 고립주의를 포기한 듯 세계 질서를 미국의 방식으로 만들고자 애썼습니다. 민족자결주의를 외치며 식민지 질서를 타파하려 했으며,

독재정권들의 비밀외교로 인해 전쟁이 일어났으므로 민주주의 제도를 정착시켜야만 전쟁을 막을 수 있다며 유럽을 설득하기도 했습니다. 그리하여 국제정치에 있어 세계 정부 역할을 하는 기구를 만들자는 데까지 합의했고, 함께 전쟁을 막자는 취지에서 국제연맹을 창설하게 된 것입니다.

그러나 이러한 미국 주도의 베르사유 체제는 당시의 현실을 무시한, 지나치게 이상주의적인 제안이었기 때문에 유럽을 변화시키지 못했습니다. 영국과 프랑스의 패권 경쟁은 제1차 세계대전 이후에 오히려 더 가열되었고, 특히 전후 독일 처리를 놓고 상반된 의견을 드러냈습니다. 프랑스는 다시 복구되지 못하도록 독일을 철저히 약화시키기를 원했고, 영국은 독일이 너무 약화될 경우 대륙 내에서 프랑스가 독주할까 봐 걱정했습니다. 그래서 영국은 독일이 딱 '프랑스의 독주를 견제할 수 있을 정도'까지만 다시 일어서기를 원했습니다.

베르사유 체제의 중요한 목적 중 하나였던 유럽 제국주의의 종식 역시 일어나지 않았습니다. 패전국 독일만 식민지를 빼앗겼을 뿐, 어느 나라도 식민지를 포기하지 않았던 겁니다. 식민지 국가에서는 윌슨의 민족자결주의에 자극받아 독립의 거센 열망이 일어났지만, 그들의 힘은 '찻잔 속의 태풍'에 불과했습니다. 강대국들의 이해관계 때문에 약소국들이 또다시 헛물만 들이킨 셈이 되었지요. 결과적으로 그들을 또 한 번 죽이는 잔인한 행위였고요. 미국은 베르사유 체제에 대한 국내의 반대도 있고, 자신들의 요구가 제대로 성과를 거둘 수 없다고 판단하자 즉각 고립주의로 돌아가 버렸습니다. 이렇게 미국의 데뷔전은 끝이 났습니다. 그러나 미국으로서는 소득이 없지 않았지요. 국제 무대에 영국을 이을 세계 패권이 될 수 있다는 강력한 인상을 남겼고, 평화의 대안을 주도했다는 정당성을 가지고 돌아갔으니까요. 20세기에 들어서서 이미 위세가 예전 같지 않았던 영국은 제1차 세계대전 이후 국력이 더 약화되었고, 영국을 이을 새로운 패권의 등장은 어려워졌습니다. 국제정치는 패권의 완전한 부재라고까지는 할 수 없어도, 확실히 역할의 공백 상태에 이르렀습니다. 대안으로 제시되었던 국제연맹은 열강들의 이해관계로 인해 처음부터 작동하지 못했고요.

호흡 곤란에 빠진 미국 경제 구하기

1919년에 제1차 세계대전이 끝나고, 1939년에 다시 제2차 세계대전이 발발했으니 정확히 20년 만의 일이었습니다. 묘하게도 그 20년을 정확히 중간에서 가로지르며 국제정치를 뒤흔든 역사적 사건이 일어났는데, 경제 대공황이 그것입니다. 전쟁 이상으로 인류의 삶을 피폐하게 만든 대공황의 주원인은 제1차 세계대전이었습니다. 전쟁 이후, 세계에서는 대량 파괴와 대량 생산이 동시에 나타났습니다. 다른 한쪽에서는 전쟁으로 인해 대부분의 기간산업 시설들이 파괴되었는데, 한쪽에서는 군수산업을 중심으로 과잉 생산 능력을 가지게 된 것입니다. 특히 문제가 된 곳은 미국이었습니다. 유럽 전쟁의 군수기지로서 엄청난 부를 축적했는데, 전쟁이 끝나자 과잉 생산 문제가 극대화된 것입니다. 생산된 물건은 많은데 이를 소비할 사람이 없다면 결과는 뻔하지요. 결국 공장은 도산하고, 실업은 증가하였으며, 금융 시장은 붕괴되었습니다.

1929년 10월 24일 미국의 주식 시장은 대대적으로 폭락하고, 모든 산업이 연쇄적으로 무너졌습니다. 미국 전체 노동자의 30퍼센트에 해당하는

1,500만 명의 실업자가 생겼고 국민소득은 절반으로 감소하는, 말 그대로 '경제 붕괴'를 겪게 된 것입니다. 문제는 그 파장이 미국에서 끝나지 않았다는 점입니다. 제1차 세계대전 이후 미국에 깊이 의존하고 있던 유럽 경제는 직격탄을 맞았지요. 게다가 유럽 경제의 대불황이 식민지 국가들에게 이어짐으로써 세계 경제는 연쇄 파탄에 이르렀습니다. 상황을 더욱 악화시킨 것은 문제 해결을 위해 국가들이 협력하지 않고 자기 이익만 챙기려 하다가 충돌하고 보복하면서 악순환을 가져왔다는 점입니다. 각 국가는 자국 산업을 보호하기 위해 무차별 관세 인상을 비롯하여 경쟁적으로 무역 장벽들을 세웠습니다. 경쟁력을 높이기 위해 인위적으로 자국의 환율을 내리기도 했습니다. 여기에 식민지 국가들을 함께 묶어 달러화 블록, 파운드화 블록, 엔화 블록 등 배타적 블록 경제를 구축하면서 상황은 더욱 악화되었습니다. 이런 방법이 효과를 보려면, 블록이 하나 혹은 극히 적어야 하는데, 모든 국가들이 앞 다투어 블록 경제를 구축하니 실질적인 효과는 거의 없었던 것입니다. 오히려 국가 간의 알력만 더 깊어졌지요.

대공황으로 전 세계가 어려움에 봉착했지만 가장 힘든 국가는 역시 패전의 멍에를 쓴 독일과, 제1차 세계대전 이후 보상이나 이익을 전혀 챙기지 못했던 이탈리아 등이었습니다. 이들 국가의 경제적 몰락은 정치 혼란으로 이어졌습니다. 국가마다 형태는 조금씩 달랐으나, 대공황의 폭풍은 민족주의와 국가주의를 유산으로 남겼지요. 그래서 무솔리니와 히틀러의 전체주의가 빠르게 정권을 잡을 수 있었던 것입니다. 이들은 경제 재건, 민족주의, 그리고 인종우월주의를 내세워 쉽게 권력을 잡았습니다.

미국이 세계 최강이 아니라면?

대공황 시기의 월가 풍경. 투자자들이 거리에서 서성이고 있다.

시장의 기능이 마비되니 국가가 전면에 등장하게 된 것입니다. 가장 극단적 국가주의 형태인 독일과 이탈리아, 일본의 전체주의는 물론이고, 1917년 사회주의 혁명으로 체제를 전환한 소련 역시 국가주의를 강력하게 도입했습니다. 서유럽의 자유주의 체제들도 폭풍에서 벗어날 수 없었습니다. 시장의 대실패를 경험한 후 자유방임의 경제 논리는 더 이상 발붙일 자리가 없어졌으며, 케인스 경제학, 즉 국가가 깊이 관여하는 관리 경제, 또는 계획 경제가 힘을 얻게 된 것입니다.

패권을 향한 두 번째 도박: 플레이오프

미국, 패권의 고리에 안착하다

제1차 세계대전 후 정치·경제적 혼란과 국가주의 물결에 편승해서 비교적 손쉽게 권력을 잡은 이들은 권력을 유지하기 위해 다음의 두 가지 중에 적어도 하나는 반드시 해야만 했습니다. 첫째는 전쟁으로 파괴된 경제를 복구하는 것, 둘째는 강력한 경찰력을 동원해서 국민들의 희생을 끌어내는 것이었습니다. 전자의 방식은 거의 모든 국가들이 시도했으며, 후자의 방식까지 더불어 적용한 것은 독일을 비롯한 전체주의 국가들이었습니다. 히틀러는 이런 방식으로 급속히 독일을 재무장했습니다. 그러다가 무리한 군비 증강으로 원료난이 가속화되자, 국가 밖으로 눈을 돌려 오스트리아와 체코 등을 정복하면서 금, 석유, 철광석 등을 빼앗아 일부 해소했습니다. 이런 식의 군비 증강은 제2차 세계대전까지 이어졌습니다. 독일에게는 대외적인 장애물도 거의 없었습니다. 당시 미국은 고립주의 원칙 아래 자신의 문제에만 골몰했고, 영국과 프랑스 역시 경제 문제로 골치가 아팠습니다. 유럽 질서에 대한 견해차로 독일에 대해 유화 정책이 계속되기도 했고요.

독일은 세계 패권을 차지함으로써 경제 문제를 단번에 해결하겠다는 제국주의적 패권 전략을 사용했습니다. 이는 16세기 이후 강대국의 흥망성쇠를 경제와 군사력의 맥락에서 풀고자 했던 예일 대학의 역사학 교수 폴 케네디Paul Kennedy도 강조한 바 있는 전략입니다. 경제력은 군사력 증강에 가장 중요한 요소이고, 따라서 제국으로 부상하려는 국가는 부강한 경제력을 바탕으로 한 강력한 군사력을 가져야 합니다. 그리고 막강한 군사력을 이용해 더 큰 경제력을 확보함으로써 패권이 유지되고, 또 더 성장합니다.

폴 케네디의 분석에 비추어 보면 제2차 세계대전 이후 영국의 패권이 왜 독일이 아닌 미국으로 넘어갔는지 이해할 수 있습니다. 히틀러의 독일은 패권의 흥망성쇠를 최대한 압축시켜 보여 준 경우라고 볼 수 있습니다. 독일은 탄탄한 경제력을 기반으로 패권에 도전한 것이 아니라, 군사력 증강과 부강한 경제를 동시에 얻고자 했습니다. 즉, 전쟁을 통한 '속성 과정'을 선택한 것입니다. 그러나 과도한 군사력 확장과 전쟁의 패배로 패권을 향한 도전은 한여름 밤의 꿈처럼 너무나 짧게 끝나 버렸습니다. 반대로 미국은 유럽의 전쟁에서 한 발짝 물러선 채 오랜 기간에 걸쳐 경제력을 탄탄하게 키워 왔으며, 그에 걸맞은 군사력도 갖추었습니다. 대공황으로 주춤하기도 했지만, 결과적으로는 그조차도 미국을 도와준 셈이 되었지요. 대공황 덕에(?) 미국은 유럽과 거리두기를 할 수 있었으며, 제2차 세계대전에도 초기에 참여하지 않을 수 있었습니다. 그뿐 아닙니다. 더 결정적으로 또 다른 전쟁을 위한 물자를 공급하면서 대공황의 후유증을 완전히 해소하고 세계 최고의 경제력을 거머쥘 수 있었습니다. 미국은 제2차 세계대전 이후 초토화된 유럽 열강과의 국력 차이를 확실하게 벌리면서 화려하게 국제 무대에 등장할 수 있었던 것입니다. 실제로 미국은 제2차 세계대전 직후 전 세계 국민소득의 절반, 세계 금 보유고의 3분의 2, 세계 수출량의 3분의 1이 넘는 경제력을 확보했습니다. 거기에 압도적인 군사력은 물론이고, 핵무기까지 독점하게 되었지요.

미국의 이기적 유전자

사람들은 이렇게 주장하곤 합니다. 미국이 착한 경찰의 역할을 담당하지 않았더라면 20세기 전반부에 일어났던 두 번의 열전으로부터 인류 문명은 결코 살아남지 못했을 것이라고 말입니다. 미국이 제1차 세계대전을 일으킨 제국주의적 전제주의와, 제2차 세계대전을 일으킨 전체주의의 야욕으로부터 자유와 민주주의를 지켜냈다는 것입니다. 그러나 지금까지 살펴본 것처럼 미국이 자기의 이익을 희생해 가며 세계의 위기에 온몸으로 맞선 것은 결코 아닙니다. 미국은 세계를 휩쓴 두 번의 군사 전쟁과 한 번의 경제 전쟁의 폭풍 속에서 살아남기 위해 대응하였고, 그 결과 폭풍을 헤쳐 나왔을 뿐입니다.

제1차 세계대전 이후 윌슨이 민족자결주의를 부르짖은 것도 식민지 국가들에게 자유를 찾아 주겠다는 의도와는 거리가 멀었습니다. 제2차 세계대전 이후 제국주의 체제가 붕괴되고 많은 식민지 국가들이 독립을 획득했지만, 그 역시 미국이 참전하고 싸운 목적은 전혀 아니었습니다. 그저 전쟁의 결과 제국주의 국가들이 초토화됨으로써 더 이상 식민지 국가들을 통치하지 못하게 된 결과였을 뿐이었지요. 더 명확히 말하자면 미국은 과거 유럽 패권의 기초였던 식민지 체제를 해체하고, 미국 자신이 주도하는 새로운 지배 체제로 대신한 것입니다. 이는 과거 제국주의와는

윌슨의 민족자결주의
"민족은 자신의 정치적 운명을 스스로 결정하며 외부의 간섭을 받지 않아야 한다." 윌슨 대통령은 패전국의 식민지 문제에 민족자결주의를 적용하자고 주장했다. 1919년 3.1운동, 중국의 1919년 5.5운동, 인도의 간디 저항운동 등도 이에 자극받아 일어난 독립운동이다. 그러나 윌슨은 민족자결주의의 적용 범위를 패전국인 독일의 식민지로 제한하였다.

달리 직접적인 정복과 착취가 아닌 자본주의 경제 체제를 통한 간접 지배 체제였습니다.

이렇게 제2차 세계대전 이후 미국은 제1차 세계대전 때와는 전혀 다른 모습이었습니다. 국제법을 통해 평화를 이루겠다는 이상주의적 비전은 더 이상 추구하지 않았지요. 물론 과거의 이상주의에도 선한 의지만 있었던 것은 아니었지만 말입니다. 전쟁이 쓸어버리고 난 뒤, 그야말로 백지와도 같았던 국제사회에 미국은 붓으로 원하는 그림을 마음껏 그려 나갈 수 있었습니다. 물론 유일 패권이 아니라 소련과 일정 부분을 공유하는 형태였지만, 동유럽 일부를 제외한 거의 전 세계에 자신의 지배력을 행사할 수 있었으니까요. 소련과의 경쟁을 유일 패권으로 가는 플레이오프전이라고 본다면, 미국은 처음부터 아주 유력한 우승 후보였습니다.

오늘날 역사가들은 제2차 세계대전을 반反파시즘 전쟁, 또는 전체주의에 대한 민주주의의 저항 전쟁이라고 부릅니다. 하지만 당시에 두 이념만 있었던 것이 아니라 전체주의, 사회주의, 그리고 자유주의, 이렇게 세 가지 이념이 치열하게 각축하는 시기였습니다. 소련이 민주주의일

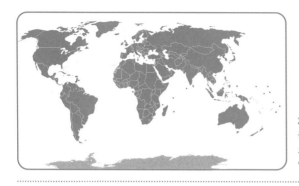

2006년까지 유엔 회원국은 192개국이었다. 색으로 표시된 부분은 유엔 회원국을 가리킨다.

리가 없었고, 자유주의 서방 진영에도 비민주적인 국가들이 많이 존재했었습니다. 그런데도 독일, 일본, 이탈리아 전체주의는 사회주의와 자본주의 공통의 적이었습니다. 국제 사회에서 적의 적은 친구가 될 수 있다는 점에서 이념의 차이는 뒷전으로 물러나고, 함께 발등에 떨어진 불을 끌 수밖에 없었던 것이지요. 그러나 공공의 적이 사라지자 차이가 분명히 드러났고, 더 이상의 동고동락은 지속될 수 없었습니다. 사회주의가 지향하는 유토피아는 자본주의의 종말을 전제로 하기 때문에 처음부터 함께할 수 없는 운명이었죠. 비록 같은 연합국의 일원으로 전쟁을 함께 했지만, 서구 진영과 소련 사이에는 처음부터 갈등과 긴장이 있기도 했고요. 결국 1943년 이후 전황이 연합국에 유리해지면서, 전후 처리에 대한 문제를 놓고 갈등은 표면화될 수밖에 없었습니다. 그리고 전쟁이 끝나자마자 소련과 미국은 곧바로 결별하고 각자 완전히 다른 길로 들어서게 됩니다.

패권 다지기의 세 가지 줄기

제1차 세계대전 직후에 그랬던 것처럼 고립주의로 돌아가는 것은 더 이

미국이 세계 최강이 아니라면?

유엔의 힘

유엔의 목적은 전쟁 방지와 평화 유지로, 이에 관련된 국제 문제를 해결하는 데 있다. 유엔의 안전보장이사회는 필요에 따라 무력을 행사하고 제재 조치를 취할 수 있는 권한이 있다. 그러나 상임이사국 5개국 중 한 국가라도 반대하면 결의안이 통과되지 않기 때문에 평화와 안전에 관한 유엔의 활동은 거의 봉쇄되어 왔다고 해도 과언이 아니다. 이러한 한계 때문에 유엔은 승전국들의 국익을 지키기 위한 조직이라는 비난을 받아왔다.

상 미국이 선택할 수 있는 옵션이 아니었습니다. 이상주의에 입각한 국제연맹도 역시 작동불가였고요. 그래서 미국이 선택한 방법은 세 가지가 혼합된 종합 패키지였습니다.

첫 번째는 패권 체제였습니다. 미국은 대영제국의 후계자로서 정치·경제·문화 등 모든 분야에서 전방위로 지배력을 행사하기 시작했습니다. 달러화가 영국의 파운드화를 대신해서 세계의 통화 수단이 되었고, 미국은 전 세계의 물자를 공급하는 수출 시장인 동시에, 물건을 구입할 수 있는 주요 수입 시장의 역할을 했습니다. 게다가 수입과 수출에 필요한 금융 시장을 지배하는 돈줄이기도 했지요. 미국은 세계 정부였으며, 세계 중앙은행이었습니다. 다른 나라들은 미국의 도움을 받고자 미국의 질서 아래에 들어가서 미국이 만든 규칙을 지켜야만 했습니다. 또한 미국은 어떤 형태로든지 전 세계에 자신의 군대를 주둔시키려 했습니다. 한 손에는 빵(경제적 원조)을, 다른 손에는 칼(군사 원조)을 들고 밀어붙이는 미국은 그야말로 거칠 것이 없는 슈퍼 파워 그 자체였습니다. 다른 점이 있다면 독일과 달리 매우 침착하고, 신중한 보폭을 내딛는 패권이었다는 것이죠. 다음 두 가지 체제를 추가적으로 도입한 이유만 봐도 그렇습니다.

미국이 두 번째로 선택한 것은 국제기구였습니다. 제1차 세계대전 이후 시도한 국제연맹은 실패했지만, 문제점을 보완해서 국제연합UN을 탄생시켰습니다. 국제기구에 미련을 버리지 못한 이유는 패권의 행동에 정당성을 부여하면서, 동시에 모든 일을 홀로 감당할 때 생길 수 있는 지나친 국력 소모를 줄이기 위해서였습니다. 국제연합과 국제연맹의 가장 큰 차이는 신용도가 높은 보증 수표와 아무도 보증하지 않는 부도 수표의 차이라고 할 수 있지요. 국제연합은 국제연맹과 달리 미국의 의지가 담겨 있기 때문에 문제 해결 능력이 생겼습니다. 적어도 미국이 원하는 일은 되게 할 능력이 생긴 것입니다. 국제연합의 효율성을 더 높이기 위해서 미국은 강대국들에게 엘리트의 지위, 즉 거부권을 부여했습니다. 국제연합의 거부권이란 한 국가라도 반대하면 유엔이 아무런 결의도 못 하게 되는 제도인데, 이는 다른 국가가 거부권을 사용할 권리를 준 것이라기보다, 미국이 반대하는 일은 아무리 정당성 있는 국제기구라도 할 수 없도록 하려는 의도가 더 컸습니다. 이는 미국이 국제연합에게 보조적인 역할만을 기대했다는 의미이기도 하고요.

미국은 정치·군사 문제를 다루는 국제연합 외에도 자신의 질서를 구축하기 위해 여러 분야에 국제기구를 거침없이 만들어 나갔습니다. 특히 국제 자본주의 체제를 확실하게 하는 것이 패권을 유지하는 데에 결정적이라는 판단하에 금융과 무역 분야에 각각 국제기구를 만들었습니다. 달러화를 중심 통화로 만들기 위해 국제통화기금IMF을 창설했으며, 자유무역을 관장하기 위해 국제무역기구ITO를 창설한 것입니다. ITO는 미국 내 반대 여론으로 인해 상설기구로 출범하는 데는 실패했지만, 대신 ITO 헌장으로 채택하려던 '무역과 관세에 관한 일반협정GATT'을 통해 세계 무역 질서를 관장했습니다. 또한 제2차 세계대전 이후 시급했던 전쟁 복구는 국제부흥개발은행IBRD을 설립해서 담당하도록 했습니다. 미국은 이 기구를 통해 자신의 편에 서기로 한 국가들을 원조함으로써 패권 질서를 확실하게 다져 갔습니다.

미국이 마지막으로 심고자 했던 질서는 권력 균형의 체제였습니다. 앞에서도 밝혔던 것처럼 전후 세계에서 미국이 단연 우뚝 선 패권이었지만, 그 힘이 전 세계에 빠짐없이 미쳤던 것은 아니었습니다. 소련의 사회주의 세력권을 인정한 채 양자 간에 체제 경쟁을 하게 된 것이지요. 그렇다면 미국은 왜 곧바로 패권을 차지하지 않고, 이런 식의 플레이오프를 선택했을까요? 미국은 독일이 욕심을 부리다가 어떤 결과를 초래했는지 너무나 잘 알고 있었기 때문입니다. 그래서 무리하게 소련을 제압하기보다는 일단 적대적 동거를 선택했습니다. 물론 당시 미국 행정부 내에는 소련의 동유럽 장악을 적극적으로 저지하고, 필요하다면 무력을 사용해서라도 소련에게서 동유럽을 빼앗아야 한다는 주장도 있었습니다. 소련을 원래 위치로 되돌려야 한다는 소위 '롤백rollback'전략이었지요. 하지만 롤백전략은 너무 위험 부담이 크다는 의견이 받아들여져서 결국 채택된 대안이 바로 봉쇄정책이었습니다. 봉쇄정책은 소련 전문가이며 외교관이었던 조지 케난George Kennan에 의해 입안되고, 트루먼 대통령이 개시한 전후 미국 대외정책의 중심축입니다. 봉쇄정책은 기존의 소련 세력권은 인정하되, 더 이상의 확장은 못 하도록 저지하겠다는 외견상 방어적 전략입니다. 소련이 자신의 세력권을 넘으려는 도발만 하지 않는다면 미국이 먼저 공격을 하지는 않겠다는 의미지요. 하지만 그렇다고 손 놓고 지켜만 보겠다는 뜻은 전혀 아니었습니다. 당시 미국 정부는 소련에 대한 불신이 매우 컸습니다. 사회주의는 붉은 물과 같아서 조금의 틈새라도 있으면 침투해 들어온다고 생각했기 때문에, 봉쇄의 방벽을 단단하게 세워야 한다는 주장이 팽배했지요. 그래서 미국의 국방비를 대폭 늘려 군비 증강을 도모하는 동시에 다른 자본주의 국가들과 동맹을 맺음으로써 봉쇄의 방벽을 쌓을 수 있다고 보았던 것입니다. 이렇게 봉쇄의 방벽만 잘 세워서 소련을 고립시키면 사회주의 경제가 가진 내부 모순에 의해 언젠가 스스로 붕괴할 것이라고 믿었습니다.

동맹정책의 최우선 순위는 당연히 유럽이었습니다. 두 번의 세계대전이 일어난 것도 유럽이고, 소련이 구축한 사회주의 체제의 중심도 유럽이었으니까요. 미국은 먼저 마셜 플랜이라는 이름으로 유럽에 대규모의 원조를 쏟아부어 유럽 경제를 복구하는 한편, 정치·군사적으로는 북대서양조약기구NATO를 창설해 서유럽을 미국의 요새로 만들었지요. 아시아는 유럽에 비해서는 우선순위가 밀렸으나, 중국과 한반도, 그리고 동남아시아 일부에서 소련의 영향력이 확대될 것이라고 보고 동맹을 결성했습니다. 하지만 유럽처럼 전체를 통째로 묶어 버리는 대신 국가별로 양자동맹을 맺었습니다.

패권을 향한 세 번째 도박: 방어전

더 촘촘하게 패권의 그물망 짜기

패권을 향한 두 번째 도박 이후 미국은 적어도 자본주의 진영에서 장기적인 패권을 누립니다. 물론 초기의 절대적 위치가 안팎의 도전으로 조금씩 약화된 적도 있습니다. 진영 내부에서는 유럽과 일본 등이 전쟁의 후유증으로부터 벗어나 빠르게 발전하면서 자기 목소리를 조금씩이나마 내기 시작했으며, 진영 밖으로는 사회주의와 제3세계 민족주의의 도전을 받았으니까요. 미국 경제의 전성기도 영원히 지속될 수는 없었습니다. 전쟁 복구로 인한 호경기가 지나자 경제는 후퇴했고, 베트남전에서의 패배로 패권 등장 이후 최대의 위기를 맞기도 했습니다. 그 결과 미국은 더 이상 일방적으로 세계은행과 세계시장의 역할을 할 수 없게 되었으며, 자본주의 국가들은 미국과 함께 긴 불황의 늪으로 빠져들었습니다.

그러나 그 어떤 것도 미국 패권 질서의 근간을 흔들지는 못했습니다. 거꾸로 얘기하면, 이런 문제들에 대한 미국의 확실한 대비책이 효과를 발휘한 것이지요. 이미 스스로 규칙을 만들고 운영하는 세계였으므로, 규칙을 일부 변경하거나 패권에 유리하게 조정하면서 원기를 회복할 수 있었던 것

아프가니스탄의 불행한 운명

아시아의 중앙에 위치한 아프가니스탄은 지정학적 위치가 워낙 중요한 탓에 수많은 시련을 겪었다. 소련이 아프가니스탄을 침공한 이유는 아프가니스탄에 극단적 회교도 정권이 수립되어 소련의 지배력이 약화될 것을 우려했기 때문이다. 1978년부터 소련은 아프가니스탄에 군사·경제적 원조를 해왔는데 이에 대한 반정부 활동과 정부의 억압이 반복되고 있었다. 소련은 1979년에 탱크를 앞세우고 아프가니스탄을 침공했다가 1989년에 철수했다. 2001년, 미국은 9.11 테러의 배후로 지목된 오사마 빈 라덴을 보호하고 있다는 명목으로 아프가니스탄을 침공했다가 한 달 만에 종결했다.

입니다. 유럽이나 일본이 그 예입니다. 유럽과 일본은 강한 경제력으로 미국에 도전했으나, 정치·군사적으로는 난쟁이에 불과했습니다. 그래서 동서 냉전의 대결 구조에서 안보를 미국에 전적으로 의존할 수밖에 없었지요. 사정이 이러니 미국이 멋대로 자유 무역에서 보호 무역으로 변경하든, 아니면 경제적 어려움을 핑계 삼아 달러를 마구 찍어 내면서 그 부담을 유럽과 일본에게 지우든, 저항할 방법이 별로 없었던 거지요. 이들의 불만은 대부분 이불 속의 몸부림으로 끝나 버렸습니다. 어쨌든 1929년 대공황 때 각 국가들이 서로 보호 무역을 경쟁적으로 내세움으로써 함께 파국에 이르렀던 것과는 달리, 미국이 강력하게 지배하던 시기에는 불황인데도 대공황이나 치열한 무역 전쟁이 일어나지는 않았습니다. 동맹국들이 때로 반강제적으로 미국에게 유리한 조건에 협력할 수밖에 없었지만 말입니다. 양자, 국제기구의 다자 체제, 그리고 패권 체제 등을 그물망처럼 구축한 미국의 전략은 결국 이렇게 위기 상황에서 유용하게 쓰였던 것이지요. 이것이 바로 강대국들이 기를 쓰고 패권이 되고자 하는 이유입니다.

위기를 돌파한 미국은 과거보다 오히려 지위를 강화할 수 있었습니다.

물론 폴 케네디가 지적한 패권의 필수 요소인 '월등한 국력 차이'는 얼마 간 좁혀졌습니다. 하지만 미국이 위기에 처했을 때조차 다른 국가들이 감히 도전하지 못했다는 것은 미국 패권이 상당 기간 지속될 것임을 확인시켜 주었습니다. 특히 체제 경쟁자 소련이 경제적으로 큰 어려움에 빠졌기 때문에 미국의 약점을 치고 들어올 여력이 없었지요. 소련이 처음부터 일방적으로 동유럽을 착취하면서 패권 질서를 세운 것과 달리, 미국은 자기 이익을 추구하면서도 다른 국가들(적어도 서유럽과 일본)을 함께 번영시켰습니다. 소련이 동유럽에 줄 수 있었던 것은 처음부터 군대와 무기밖에 없었습니다. 즉, 수십만의 군대를 주둔시키고, 크렘린의 하수인들에게 무기를 제공함으로써 유지해 온 질서였던 것입니다.

사회주의의 붕괴를 잡아라

군사력을 통한 착취 시스템은 시간이 갈수록 문제를 드러내다가, 1970년 대 세계적인 불황을 겪고 난 뒤 경제가 급격히 악화되었습니다. 그러자 사회주의 진영의 내부 결속력마저 약화 일로를 걸었습니다. 결국 다시 기댈 것은 군사력밖에 없었으니, 악순환의 고리가 이어진 것이지요. 1980년대 이후 소련의 아프가니스탄 침공과 더불어 동서의 긴장 완화 시절과 작별하고, 이전처럼 군비 경쟁과 대결 구조로 돌아갔습니다. 하지만 소련의 희망과는 달리 서구 진영과의 공존과 교류를 경험한 동유럽은 이미 과거의 그들이 아니었지요. 또한 새로운 군비 경쟁은 가뜩이나 어려운 소련 경제를 더욱 침체시켰습니다. 지금까지 소련의 지위를 유지시켜 준 군대와 무기는 도리어 애물단지가 되어 갔습니다. 군사비가 국민 총생산의 15퍼센트를 초과하는 군사국가 체제가 한계점에 이른 것입니다. 특히 동유럽에 주둔한 수십만의 군대를 유지한다는 것은, 가뜩이나 없는 살림에 엄청난 부담이었습니다. 1980년대 중반 혜성같이 등장한 고르바초프는 이런 악순환을 끊기 위해 대대적 개혁정책을 실시했습니다. 보편적 사회주의 모델은 없으며 누구도 진리를 독점할 수 없다고 선언한 크렘린의 파격적인 태도 변화는 동유럽의 민심을 흔들고도 남았습니다. 그동안 자신의 영향권을 벗어나려는 국가는 무력을 사용해서라도 진압했던 소련이 변한 것입니다. 폴란드와 발트해 국가들을 시작으로 대규모 저항의 불길이 타오르기 시작했습니다. 이들 나라의 정부가 무력으로 진압하려 하자, 뜻밖에도 크렘린이 막고 나섰습니다. 그러자 저항의 불길은 순식간에 동유럽 전체로 걷잡을 수 없이 번져 갔습니다.

동유럽 해체에 가속도가 붙으면서 독일 통일과 소련 붕괴로까지 숨 가쁘게 이어졌습니다. 사회주의의 붕괴로 미국은 진정한 유일 패권으로 부상하여 제2차 세계대전 직후에 버금가는 전성기를 맞게 되었고요. 반세기 동안의 플레이오프에서 승리해 마침내 챔피언의 자리에 오른 셈이었습니다. 이를 계기로 자본주의 질서가 전 세계로 확산되었는데, 그 도구는 시장이었습니다. 이후 10년간 미국은 절대적인 양으로 볼 때, 역사상 어떤 10년보다 많은 부를 쌓았습니다. 더욱 놀라운 것은 이러한 성장이 여타 지역의 어려운 경제 여건, 즉 유럽의 높은 실업률, 일본의 장기 침체, 그리고 아시아의 통화 위기 속에서 달성되었다는 사실입니다. 이렇게 성장한 경제력에 기초하여 군사력도 가공할 정도로 커진 것은 물론입니다. 소련 체제의 붕괴와 독일의 통일은 곧 양극 균형 체제의 붕괴를 의미했습니다. 미국이 제2차 세계대전 이후 구축했던 세 가지 패키지 체제 중에 핵심이 붕괴된 것이지요. 20세기 전반에 겪었던 두 번의 열전과는 달리, 냉전은 대체로 평화로운 결말을 맺었습니다. 그러나 국제사회는 열전들에 못지않은 대변화를 맞았습니다. 구舊사회주의국가들의 혁명적 체제 전환은 물론이고, 이 과정에서 발생한 권력 공백으로 민족 분쟁과 인종 갈등, 그리고 종교 갈등까지 심화된 것입니다. 대결과 긴장 속에서도 잘 조직화되어 있었던 냉전 질서가 해체되자, 세계의 앞날은 오히려 불투명해졌습니다. 평화의 가능성이 높아진 동시에 불확실성도 그만큼 증가되었던 것입니다. 그러자 미국은 또 한번 선택의 기로에 놓였습니다. 유일 패권의 지위를 극대화하여 전 세계 질서를 장악하는 강력한 패권 체제로 나갈 것인가, 아니면 국제기구를 중심으로 한 협력적인 다자 체제로 갈 것인가의 선택 말입니다.

탈냉전 이후 약 10년간은 일단 미국이 패권의 역할을 감당하되, 다자 협력 체제를 통해서 탈냉전의 연착륙을 도모했습니다. 이를 위해 유엔은 물론이고, 제2차 세계대전 이후 미완성에 그쳤던 세계무역기구WTO를 출범시켰으며, 국제통화기금IMF의 역할도 더욱 확대했습니다. 걸프전쟁과 유고내전에서도 미국은 단독으로 패권을 행사하기보다는, 다국적 군대를 결성하고 유엔의 승인을 받아 리더십을 행사했습니다. 그러나 이러한 미국의 조심성은 9.11 테러가 발생하면서 일대 변화를 겪게 됩니다. 이때부터 미국은 자신의 압도적 힘을 일방적으로 사용하기 시작했으며, 무력을 앞세운 군사주의 경향을 보였습니다. 패권이 가장 확실해진 시점에서 예상치 못한 어려운 방어전을 치르게 되었던 것입니다.

형님이 사라진 세상 : 평화와 혼돈 사이

지금까지 미국이 20세기를 통틀어 치른 세 번의 도박을 살펴보았습니다. 이 시점에서 우리는 패권과 국제정치 질서의 안정 사이에는 어떤 관계가 있는지 생각해 볼 필요가 있습니다. 패권은 세계 평화나 질서를 위해 반드시 필요한 존재일까요? 패권의 유무에 따라 국제정치 질서는 180도 달라지는 걸까요? 즉, 강력한 패권이 있으면 안정을 이루고, 패권이 약화되거나 없어지면 국제사회의 안정이 깨지며, 더 나아가서 전쟁에 이를 수밖에 없는 것일까요? 국제정치와 패권에 대한 의문은 국제정치학 분야는 물론이고 일반인들에게도 관심거리입니다.

역사에 등장했던 제국들을 일컬을 때 팍스라는 말을 종종 붙입니다. 로마제국을 가리킬 때 팍스-로마나$^{Pax-Romana}$, 대영제국은 팍스-브리태니카$^{Pax-Britanica}$, 그리고 미국제국을 팍스-아메리카나$^{Pax-Americana}$라고 부르는 식입니다. 팍스는 평화라는 뜻을 가진 라틴어이고, 팍스-로마나는 로마가 아우구스투스 황제에 이르러 그동안의 정복전쟁을 멈추고, 이미 확보한 식민지에 대해 안정화 정책으로 전환한 이후의 질서를 가리킵니다. 이 때문에 팍스라는 말은 강력한 패권이 존재하면 그 패권의 압도적인 힘에 의해 국가 간의 분쟁이 줄어들고 평화가 확보된다는 뜻으로 사용합니다.

군사력에 기초한 패권의 존재가 곧 평화를 의미한다는 점은 언뜻 이해하기 힘들 수도 있습니다. 그러나 국제정치의 본질을 무정부적인 것으로 보는 관점에서 출발하면 보다 이해하기 쉽습니다. 국제정치에는 정부가 없습니다. 모든 국가가 독립적인 주권을 가지고 있으므로, 한 국가가 다른 국가를 지배할 권위가 없는 것이지요. 하지만 국가 간 힘의 크기가 다르기 때문에 강한 국가가 약한 국가를 지배하는 경우가 자주 발생합니다. 그야말로 어느 누구도 말려주는 이가 없으니 약소국들은 늘 침략과 정복을 당해 왔고, 생존에 관해 끊임없는 공포에 시달려야 했던 것이지요. 공포는 당연히 힘의 크기에 반비례합니다. 그러나 강한 국가라 하더라도 공포에서 완전히 자유로울 수는 없습니다. 자기보다 더 강력한 국가가 나타나거나, 자기와 비슷하거나 약한 여러 국가들이 동맹을 맺어서 공격해 올 수 있기 때문입니다. 그러므로 압도적인 패권에 이르면 이를수록 공포는 반대로 점점 줄어들 것입니다.

한편, 무정부적인 국제사회라 하더라도 함부로 침략하기 어려운 몇 가지 경우가 있습니다. 첫째는 국가 간에 힘이 엇비슷해서 함부로 침략을 감행하지 못하는 힘의 균형 상태입니다. 두 번째는 국제기구가 정부의 역할을 대신해 침략자를 막아 주는 경우, 그리고 마지막으로 강력한 패권 국가가 있어서 함부로 전쟁을 일으키지 못하도록 하는 경우입니다. 하지만 이 세 가지 모두 영원한 평화를 가져오지는 못합니다. 국력은 변하는 법이고, 어떤 국가와 동맹을 맺느냐에 따라 균형은 언제라도 무너질 수 있으니까요. 또한 모든 국가가 자발적으로 규칙을 지키는 경우에만 국제기구가 효과적으로 작동할 수 있는데, 만일 이것이 제대로 이루어진다면 애초에 서로를 침략하려 하지도 않았겠지요. 그러므로 국제기구도 지속적인 평화를 약속하지는 못합니다. 강력한 패권 국가가 존재하는 경우에도, 그 국가가 침략자가 되어 버릴 경우엔 평화가 깨질 테고요. 세 번째 원리는 토마스 홉스가 자신의 유명한 저서 『리바이어던Leviathan』에서 가정한 상황과 유사합니다. 홉스는 인간의 이기심이 판치는 '만인에 대한

미국이 세계 최강이 아니라면?

만인의 투쟁' 또는 '적자생존'의 세상에서 죽음의 공포에서 벗어나려면 국가(리바이어던)에 주권을 양도해야 한다고 했습니다. 그런데 홉스는 왜 하필 국가를 리바이어던이라는 성경에 나오는 괴수에 비유했을까요? 바로 국가 자체가 다른 어떤 적보다 더 위험한 괴물이 될 수 있기 때문입니다. 국제정치에서도 마찬가지입니다. 패권 국가에 의해 안정을 찾을 수도 있지만, 패권은 그 어떤 적보다 더 큰 위협이 될 수 있습니다. 그래서 홉스는 리바이어던이 괴물로 변할 가능성을 줄이기 위해서는 사회 계약에 기반을 두어야 한다고 강조했습니다. 그런데 국제정치에서도 이런 계약이 성립될 수 있을까요? 미국은 과연 국제정치의 리바이어던일까요? 미국을 리바이어던에 비유한다면 그것은 계약에 기초한 정당한 리바이어던일까요, 아니면 괴물로 변해 버린 리바이어던일까요?

제국에 의한 평화? 제국만을 위한 평화!

우리가 명심해야 할 것은 지금까지의 제국들에 의한 모든 팍스 체제는 세계를 위한 평화, 즉 팍스 문디Pax-Mundi가 아니라 제국이 주도하는, 제국을 위한 평화였다는 점입니다. 물론 아우구스투스가 침략을 중단하고 제국의 안정에 힘씀으로써, 결과적으로는 모든 국가에 평화가 배분되었지만 그 역시 제국의 필요가 낳은 부산물일 뿐이었습니다. 물론 미국 패권이 배분한 평화도 있었지요. 그들이 데뷔전을 치렀던 제1차 세계대전 직후의 수년간, 그리고 제2차 세계대전 이후 소련과의 냉전이 격화되기 전까지의 기간, 그리고 탈냉전이 도래한 시점에서 새로운 세계의 희망을 품을 수 있었던 기간 등이 그랬습니다. 그러나 그 기간들은 매우 짧은 순간에 불과했습니다. 게다가 미국의 패권은 점점 홉스가 우려했던 리바이어던의 변질을 닮아가고 있고요. 초기 패권 시절 정당성을 확보하려던 노력들은 점점 희미해져 가고 있으며, 시간이 갈수록 무력에 의존하고 있습니다.

미국이 패권 초기에 독일이나 소련처럼 강대국을 향해 쏟던 힘을 최근에는 약소국들에게 쏟고 있다는 것도 문제입니다. 바로 이 때문에 정당한 방어전을 치르고 있다고 주장하는 미국의 주장이 설득력을 얻지 못하는 것입니다. 냉전 붕괴 후 15~20년간 미국이 맞상대하고 있는 적은 점점 왜소해지고 있으며, 그에 따라 정당성도 함께 작아지고 있습니다. 「보스턴 글로브」 지의 칼럼니스트인 제임스 캐롤James Carol은 이를 두고 망치를 들어 모기를 치려는 행위로 비유했습니다. 이제 세계는 미국이 정당한 방어전을 한다고 믿지 않습니다. 어쩌면 이 때문에 미국이 진정으로 패권의 운명을 걸고 방어전을 치러야 하는 건지도 모르겠습니다. 미국의 세 번째 도박은 과연 성공할 수 있을까요? 이 문제는 3부에서 더 자세히 논의해 보도록 하지요.

착한 경찰 vs. 나쁜 경찰

착하거나 나쁘거나 : 세계 경찰 미국

원래 나쁜 경찰이라는 말에는 모순이 있습니다. 경찰은 범죄자, 즉 악한 자를 잡아들이고 착한 사람들을 보호하는 직업인데, 경찰이 나쁜 짓을 하면? 더 이상 경찰이라고 부를 이유가 없지요. 경찰 제복을 벗게 하거나, 죄질이 심하면 비리 경찰로 처벌해야 할 것입니다. 그러나 원칙과는 달리 현실에는 나쁜 경찰들이 꽤 있습니다. 뇌물을 받은 비리 경찰부터, 인권을 무시하고 폭력을 휘두르는 경찰까지 다양한 죄목으로 뉴스나 신문지상을 심심치 않게 장식하지요. 경찰도 인간이기 때문에 직업이 요구하는 원칙대로 살지 않는 사람들이 당연히 존재합니다. 드라마틱하게 현실을 재구성하는 영화나 소설의 단골 메뉴가 그래서 비리 경찰이고요.

국제 사회에서 미국의 역할을 논할 때도 우리는 이 경찰이라는 용어를 자주 사용하고, 상반된 모습을 미국에 투영합니다. 하나는 침략자를 응징하고 국제 질서를 어지럽히는 세력들을 제압함으로써 평화를 지켜내는 역할, 즉 착한 경찰^{good cop}로서의 미국의 역할입니다. 반대로 다른 국가들을 힘으로 지배하려는 미국의 경향을 비난할 때는 나쁜 경찰^{bad cop}로서 미국을 가리킵니다. 미국을 포함해서 미국을 지지하는 국가들은 물론 전자를, 미국을 반대하는 국가들은 후자를 미국의 본질이라고 주장하겠지요. 미국은 과연 착한 경찰일까요, 아니면 나쁜 경찰일까요?

사실 국가를 두고 좋고 나쁘다든지, 착하거나 악하다는 식의 윤리적 기준으로 판단하는 데에는 좀 문제가 있습니다. 치열하게 경쟁하며 이익을 도모해야 하는 국제사회에서는 특히 이런 가치를 적용하기 어렵습니다. 목적이 수단을 정당화한다는 논리의 원조로 악명(?)이 높은 마키아벨리가 오늘날 살아 돌아온다면, 자신의 진심이 오해받고 있다는 사실에 조금은 원통할 수 있을 것 같습니다. 그가 정말로 전달하고자 했던 뜻은 국가 또는 국가를 책임지는 군주에게는 책임윤리가 다른 윤리보다 더 앞서야 한다는 것이었거든요. 개인은 자신의 신념이나 윤리적 소명을 위해 생명을 던지는 것을 포함해 어떤 선택이든 할 수 있지만, 국가는 혼자만의 것이 아니기 때문에 어떤 수단을 동원해서라도 일단은 지켜내는 것이 우선이라는 뜻이었습니다. 안전이 확보된 후에야 개인이 도덕적 삶도 영위할 수 있다는 것이 마키아벨리가 말하고자 했던 핵심이었지요.

그렇다고 국가에 윤리가 전혀 필요 없는 것은 아닙니다. 국가도 세계 평화에 긍정적인 영향을 주거나, 가난한 나라에 원조를 하는 식으로 옳은 일을 할 수 있고, 이를 통해 좋은 평가를 받는 것이 궁극적으로 국익에 도움이 됩니다. 히틀러의 유대인 학살이나, 밀로셰비치의 인종 청소 같은 것은 국익을 떠나서 인류 공공의 적으로 삼아야 마땅합니다. 그러나 국가를 윤리적 기준으로만 판단할 수는 없으므로 미국이 착한 경찰이기만을 바라는 것은 국제정치의 근본 생리를 넘어섭니다. 그런데 왜 우리는 미국에게만 이렇게 무리한(?) 요구를 할까요? 미국으로서는 억울하지 않을까요?

왜 세계는 미국에 유독 엄격할까?

그러나 미국이 비난의 대상이 된 가장 큰 이유는 미국 자신에게 있습니다. 미국은 스스로 도덕적 원칙을 대외정책의 전면에 내세우고 스스로를 착한 경찰로 선전해 왔습니다. 그러므로 다른 국가들이 미국에 대해 윤리적인 판단을 하고, 기대를 하게 만든 일차적 책임은 미국에 있다고 할 수 있지요. 그러면서도 실제로는 국익을 좇는 보통 국가의 길을 걸어 왔습니다. 게다가 부패한 옛 제국들을 비난하고 신세계를 건설했다고 자랑하면서도 정작 미국의 행보는 이전 제국주의와 다르지 않았으며, 때로는 더욱 폭력적이고 오만했습니다. 겉으로는 기회의 땅이니, 자유와 인권을 높인 세계의 모델 국가이니, 착한 세계 경찰이며 구원자이니 하지만, 실제로는 이익을 위해서라면 침략도 불사하고 때로 서슴없이 독재자들의 편에 서기도 했습니다. 거대 자본의 이윤 추구라는 발톱을 숨긴 채 민주주의를 부르짖는 미국의 대외정책은, 그래서 매우 위선적입니다. 다른 나라를 힘으로 정복하지 않는다고 자부하는 미국이지만 실은 아메리카 원주민과 멕시코의 땅을 빼앗아 오늘날의 거대한 영토를 이루었으며, 중남미에 대한 정책들은 수탈과 개입, 군사력과 정보 공작으로 점철된 것이었습니다. 그러고도 태연하게 미국은 가장 선한 얼굴로 세계를 대하고 있는 것입니다.

미국은 자신의 사회가 나머지 세계가 모방하고 따라야 할 모범적 사회라는 데 엄청난 자부심을 가지고 있습니다. 그들은 가능하다면 세계 모두가 미국처럼 되어야 한다고 생각하기 때문에 필요하다면 자신의 체제를 강제로라도 이식하려 합니다. 기독교인의 예가 혹시 미국의 양면성을 이해하는 데 도움이 될 수 있을지 모르겠습니다. 기독교인들은 타종교인에 비해 특히 위선적이라는 비난을 받습니다. 객관적으로는 착한 사람들이 더 많은데 왜 그럴까요? 그것은 아마도 기독교인들이 하는 말과 행동의 차이가 너무 크기 때문이 아닌가 합니다. 경찰은 나쁠 수 없다는 원칙과 달리 현실에서는 얼마든지 나쁠 수 있는 것처럼, 기독교인들도 마찬가지 입니다. 또한 기독교는 다른 종교의 구원을 인정하지 않는 배타성이 있 으며, 기독교의 진리를 전하기 위해 매우 적극적으로, 때로는 공격적으 로 전도합니다. 미국의 국가 이념에는 건국부터 지금까지 기독교 정신이 깊이 각인되어 있습니다. 물론 초기의 청교도 정신은 많은 세속화를 겪 으면서 바뀌었으나 선한 선지자적 역할, 즉 세계를 보호하고, 더 나아가 바꾸어야 한다는 선교적인 마인드는 아직도 강하게 작동하고 있습니다. 그러나 그들도 보통 사람이고, 보통 국가입니다. 스스로는 절대로 나쁜 경찰이 될 수 없다고 주장하지만, 그들의 실제 행동에는 나쁜 경찰의 모 습이 나오지 않을 수 없는 것이지요.

꽤 오래전에 인기를 모았던 〈투 캅스Two Cops, 1993〉라는 영화가 있었습니 다. 제목 그대로 전혀 성격이 다른 두 경찰이 파트너가 되면서 벌어지는 일을 그린 풍자 코미디였습니다. 배우 안성기가 맡은 역할은 고참 비리 경찰이었고, 박중훈이 맡은 역할은 모든 것을 원칙대로 하려는 의욕에 찬 신참 경찰이었습니다. 그야말로 착한 경찰과 나쁜 경찰의 전형적인 모습이었지요. 그런데 영화는 좋은 경찰이 나쁜 경찰을 이긴다는 권선 징악을 버리고 묘한 비틀림을 보여 주었습니다. 고참 경찰이 비리를 저 지르는 것은 사실이지만, 주로 자질구레한 것들이었고 선은 넘지 않았습니다. 무엇보다 보통 사람들에게 큰 피해를 주지 않을 뿐 아니라, 시민 보호라는 경찰의 기본 책임은 물론이고, 큰 범죄들을 해결하는 데 유능한 경찰임을 보여 주었지요. 이 영화에서 일종의 로빈 후드나 홍길동 같은 의적 신드롬을 발견할 수도 있겠지요. 하지만 그보다 구조적 사회악이 만연한 가운데에서는 비리가 좀 있더라도 경찰의 가장 중요한 의무를 잘 수행할 수 있다는 문제 제기가 엿보였습니다. 처음에는 사사건건 부딪치고 자기 파트너의 비리까지 까발리려던 착한 경찰 박중훈도 결국 고참을 이해하고 닮아간다는 것으로 영화는 끝이 납니다. 어쩌면 우리는 이 영화에서 세상이 더러운데 혼자 깨끗해 봤자 소용없으니 적당히 타협하고 사는 것이 낫다는 결론을 끌어낼 수도 있습니다. 그러나 그보다는 영화가 가지는 현실성에 주목하고 싶습니다. 미국이 영화 속 고참 경찰처럼 처음부터 자신을 신의 영역에 놓고 스스로를 과대평가하지 않았더라면, 오히려 국제정치의 문제를 잘 해결하는 역할을 할 수 있지 않았을까요?

사실 미국만 딱히 위선적인 나라라고 하기도 어렵습니다. 역사 속 모든 패권들이 세계를 이끌 자격이 있음을 대대적으로 선전하는 이념을 개발하고 또 사용해 왔으니까요. 로마가 자신들의 정복 활동을 '야만 문명에 대한 개화'라고 불렀고, 히틀러가 제3제국을 두고 '우수한 인종을 위한 완벽한 복지 체제의 건설'이라고 선전한 것도 같은 맥락입니다. 지금이라고 달라졌을까요? 아닙니다. 단지 역사의 시간이 흐르고, 근대의 복잡한 민족국가 체제를 이루면서 더 세련된 이념이 개발되었을 뿐입니다. 보통 국가들도 이런 면에 있어서 예외는 아니지요. 국가 이미지와 세계 여론

히틀러 제3제국은 히틀러가 권력을 장악한 시기의 독일제국을 말하며 시기적으로는 1933~1945년 까지를 가리킨다. 독일은 중세의 신성로마 제국을 제1제국, 1871~1918년까지 프로이센이 프랑스를 격파한 뒤 비스마르크에 의해 세워진 독일제국을 제2제국, 그리고 바이마르 공화국의 정통성을 부인하며 자신의 지배 체제를 제3제국이라 일컬었다. 그림은 나치 선동 포스터.

의 반응은 국익에도 매우 중요하기 때문에 국가들은 어느 정도 위선적일 수밖에 없습니다. 그런데도 미국이 특히 많은 비난을 받는 이유는 미국이 과거의 어떤 제국보다 넓은 영역에서 압도적인 영향력을 행사하기 때문일 것입니다. 미국에 대한 기대와 영향력이 높아질수록 비난도 강해지는 것이지요. 1인자가 쓰러지면 열광하는 것이 인간의 본성인 법입니다. 중국인들이 천안문 데모대를 탱크로 밀어 버려도, 러시아가 체첸 사람들을 학살해도 세계는 그리 흥분하지 않았습니다. 그러나 미국이 아부그라이브 포로수용소에서 이라크 포로를 고문한 사진들에 온 세계 여론은 벌 떼처럼 들고 일어났습니다.

지금까지 미국이 어떻게 신세계로서 출발했고, 그 이후 세 번의 전쟁, 즉 제1, 2차 세계대전과 냉전을 지나면서 세계의 패권으로 등장하였는지, 또 어떻게 압도적이고 유일한 패권 국가로 부상했는지를 되짚어 보았습니다.

2부에서는 소련과 경쟁하며 '세력 균형에 의한 패권 유지'라는 매우 독특했던 냉전기의 모습들을 여러 각도에서 살펴보겠습니다.

유럽은
콜럼버스가 신대륙을 발견했다는
역사를 발명했다.

콜럼버스가 신대륙을 발견했다
콜럼버스가 신대륙을 발견했다
콜럼버스가 신대륙을 발견했다
콜럼버스가 신대륙을 발견했다
콜럼버스가 신대륙을 발견했다
콜럼버스가 신대륙에 도착했다
콜럼버스가 신대륙에 도착했다
콜럼버스가 신대륙에 도착했다

대륙을 향한 모험과 사치가 극에 달했던 시대.
콜럼버스 역시 이익과 식민지 정복을 위해 인도를 찾아 나섰다.
그런데 그만 아메리카 대륙에 도착하고, 그 땅을 인도라 단정해 버렸다.
그는 아메리카 원주민들을 인디언이라고 부르고
평생 자신이 도착한 땅이 인도인 줄로만 믿고 있다가 죽었다.

콜럼버스의 아메리카 대륙 '도착'은
신대륙의 발견인가,
아메리카 원주민들의 재앙인가?

사람들은 콜럼버스가 아메리카 대륙에 도착함으로써 지구상의 여러 지역과 문명이 서로 밀접한 연관성을 맺게 된 계기가 되었다고 말한다. 하지만 이것은 서유럽의 관점에서 해석한 시각에 불과하다. 아메리카 대륙의 역사를 야만적이고 미개한 것으로 치부하고, 아메리카 원주민에게 문명을 전했다는 서구중심적 사고인 것이다.

아메리카 원주민들에게 자신들의 역사는 위대한 문명을 일으킨 자랑스러운 과거이다. 이들에게 있어 유럽의 아메리카 정복이란 원주민 학살, 환경 파괴를 가져온 재난의 시작이었을 뿐이며, 현재까지 계속되는 중남미의 가난과 저발전의 원인이기도 하다. 아메리카 원주민들은 타의에 의해 사회·정치·경제·종교 등 모든 분야에서 큰 변화를 겪어야만 했다. 그중에서도 가장 큰 변화는 인구의 급속한 감소다. 이는 유럽인들의 잔혹한 살육과 약탈, 그리고 유럽에서 옮겨진 천연두 같은 질병 때문이었다. 유럽의 신대륙 도착 이후 100년 동안 아메리카 원주민 인구의 90퍼센트 이상이 감소하였다.

베네수엘라 대통령인 우고 차베스Hugo Chavez가 '콜럼버스의 날'로 지정된 10월 12일을 '원주민 저항의 날'로 바꾼 것은 콜럼버스의 발견에 대한 원주민의 재해석이라고 볼 수 있다. 그는 "콜럼버스와 그 뒤를 이은 외국 정복자들은 히틀러보다 더 잔인한 살육 행위를 저질렀다. 역사상 최악의 대학살을 초래한 이 날을 기념할 이유가 없다."라고 말하며 중남미인들은 '콜럼버스의 날'을 기념하지 말 것을 촉구했다.

콜럼버스의 신대륙 '발견'

인디언

이런 말 속에는
아메리카 대륙 침략에 정당성을 부여하는 오만,
원주민을 유린한 반인륜적 사고가 고스란히 담겨져 있다.

미·소
냉전 체제가

없었더라면?

소련 붕괴로 냉전이 끝나자 미국 패권의 절정기가 왔다. 그러므로 소련과의 냉전 대결을 빼놓고 미국 패권을 말할 수는 없다. 2부에서는 냉전이 패권을 확정하려는 미국의 음모였다는 가상을 해본다. 그럼으로써 냉전의 본질에 대해 평가하고, 냉전 체제의 세력 균형이 미국과 소련 중 어느 쪽에 더 유리한 구조였는지를 따져 본다. 어쩌면 소련은 미국이 자본주의 진영에서 강력한 패권을 유지하는 데 고마운 존재였는지도 모른다. 그것은 소련에게도 마찬가지였을 것이다. 그렇다면 미국과 소련은 국내 반대자들을 제압하기 위해 서로를 이용한 것인가? 이 부에서는 패권의 플레이오프전이었던 냉전 시대로 돌아가 미국 패권의 실체를 더 깊이 알아보고자 한다.

1944~, 패권을 향한 분투

전쟁의 끝이 보이기 시작한 1944년 초부터 연합국들은 전쟁 종결과 전후 처리를 위해 회의를 거듭했다. 목표는 물론 비극적인 세계대전이 다시는 일어나지 않게 하는 것이었다. 제1차 세계대전을 치르고도 또 전쟁을 맞았다는 사실을 뼈아픈 교훈으로 삼아 평화를 위해 진정으로 협력하고자 했던 것이다. 제2차 세계대전이 끝난 세계는 모든 것이 파괴된 잿더미 속에서도 희망이 조금씩 피어올랐다.

그러나 그것은 겉으로 드러난 껍질에 불과했다. 진짜 역사는 물밑에서 움직이는 거대한 음모에 의해 결정되고 있었다. 미국은 제1차 세계대전 이후 패권을 장악할 수 있었던 절호의 기회를 놓친 것을 늘 후회했다. 윌슨주의라는 이상주의만 가지고 유럽이 주도하는 세계를 바꾸기란 역부족이었음을 절감하기도 했다. 그들은 유럽의 식민지 질서를 붕괴시키지도 못했다. 유럽 전쟁의 무기 제조창으로 이익을 남기긴 했지만 그것도 잠시, 곧이어 닥친 과잉 생산 문제가 대공황으로 이어졌던 뼈아픈 과거가 너무나도 생생했다.

비록 유럽이 제1차 세계대전 때보다 더 많이 파괴되었다 하더라도, 그것이 미국의 자동적인 패권 획득으로 이어질지는 미지수였다. 게다가 소련의 부상이 껄끄러웠다. 소련은 미국에 적대적 이념과 체제로 도전해 오는 형국이었기 때문에 미국은 패권을 획득하기 위한 확실한 히든 카드가 필요했다. 그래서 선택한 것이 독일의 로켓 기술과

1

승자의 처벌 제2차 세계대전 후 연합국은 군사 재판을 통하여 제2차 세계대전과 관련된 전쟁 범죄인들을 처벌했다. 미국·영국·소련·프랑스의 연합국은 1945년 8월에 19개의 연합국과 함께 전쟁을 유발하거나 다른 민족을 학살한 범죄인을 처벌하기로 하고, 군사 재판을 열었다. 이를 뉘른베르크에서 열렸다고 하여 뉘른베르크 재판이라고 부른다. 후에 같은 맥락으로 일본의 전쟁 범죄인을 처벌하기 위해 극동국제군사재판도 열린 바 있다.

2

식민지의 운명은 그대로 제1차 세계대전 후 미국의 윌슨 대통령은 민족자결주의를 내세워 식민지 문제를 처리하자고 주장했다. 그러나 이 주장이 서구 열강의 반대에 부딪치자 민족자결주의의 적용 범위를 패전국의 식민지로 국한했다. 즉 승전국은 식민지를 그대로 유지하도록 하고, 힘을 잃은 패전국만 식민지를 독립시키도록 한 것이다. 윌슨의 민족자결주의에 비판적인 입장은, 미국이 고귀한 이상을 가지고 민족자결주의를 주장했다기보다는 식민지 상태의 민족들이 나라를 되찾도록 한 다음 미국의 식민지로 만들고자 했던 것이라고 본다.

일본의 생화학 기술이었다. 독일은 제2차 세계대전 당시 V2라는 세계 최초의 탄도 미사일을 개발하는 등 미사일에 관한 최고 기술을 가지고 있었다. 제2차 세계대전을 한 방에 끝낸 원자탄이 독일에서 미국으로 건너 간 과학자들이 주도한 맨해튼 프로젝트에 의해 개발되었다는 사실은 이미 잘 알려져 있다. 이들이 독일에 남아 있었더라면 독일이 먼저 원자탄을 개발했을 것이고, 전쟁의 결과는 달라졌을 지도 모를 일이었다.

미사일 기술은 당시 미래의 핵무기 전력에 가장 중요한 것이어서 미국도 개발에 안간힘을 쓰고 있었지만, 결과는 신통치 않았다. 일본에 투하한 원자폭탄은 사람이 비행기에 싣고 가서 떨어뜨리는 원시적인 방법을 썼다. 그러나 탄도 미사일은 그와 차원이 다른 엄청난 위력이 있었다. 미국은 핵무기를 탑재할 수 있는 탄도탄 기술만 손에 넣는다면, 패권 획득은 식은 죽 먹기라고 판단했다. 핵폭탄 제조 기술 자체는 그리 어렵지 않았다. 당시에는 미국이 기술을 독점하고 있었지만 곧 소련을 비롯한 다른 국가들이 따라올 가능성이 높았다. 그래서 미국은 독일이 로켓 기술을 완전히 미국에 넘기고 개발에 협조하는 조건으로 독일에 대한 전범 재판을 최소화하기로 약속했다.

그러나 미국은 로켓 기술만으로는 성이 차지 않았다. 그래서 일본과 또 다른 비밀 협약을 맺었다. 일본이 제2차 세계대전 당시 만주에 생체실험을 전담하는 731부대를 운영했다는 것은 널리 알려진 사실이다. 독일의 원폭 개발과 마찬가지로, 이 기술이 조금만 더 진전이 되었더라면 생화학 무기를 대량으로 만들어 냈을 것이고, 그랬다면 전쟁의 결과는 어찌 되었을지 모르는 일이었다. 독일의 경우와 마찬가지로 미국은 이러한 세계 최고의 생화학전 기술을 일본으로부터 이전받는 대신에 일본에 대한 전범 처리를 최소화하기로 밀약을 맺었다. 1948년, 그렇게 A급 전범들이 별다른 설명도 없이 석방되었다. 그중에 기시 노부스케 같은 사람은 나중에 수상의 자리에까지 올랐으며, 미국 냉전 논리의 아시아 전도사를 자청했다. 미일 밀약의 결과였다.

미국은 이렇게 플랜A뿐 아니라 플랜B, 플랜C 까지 만들어가면서 확실한 패권을 차지하려고 노력했다. 그뿐이 아니다. 패권이 확실해진 후에도 소련의 위협을 과장하면서 냉전을 유지했다. 그래야 국가적 에너지를 군사 분야에 쏟고 군부세력과 군수산업이 미국을 계속 지배하게 할 수 있었기 때문이다.

1
맨해튼 프로젝트Manhattan Project는 제2차 세계대전 기간 동안 미국에서 영국과 캐나다의 도움을 받아 행해진 최초의 핵무기 개발 계획의 암호명이다. 이 프로젝트의 결과로 세 개의 폭탄이 설계, 제조되어 폭발되었다. 그중 두 번째 폭탄은 히로시마에 투하되어 8만 명의 사상자를 냈고, 세 번째 폭탄은 나가사키 시에 투하되어 3만 9천 명이 희생되었다. 사진은 1945년 나가사키에 원자폭탄이 투하된 모습이다.

2
반성과 망각 독일과 일본의 전쟁 범죄인에 대한 태도에는 확연한 차이가 있다. '호국 영웅'을 위한 야스쿠니 신사에는 1978년에 합사된 도조 히데키를 비롯한 제2차 세계대전의 A급 전범의 위패들이 있다. 그런데 이곳을 지금까지 꾸준히 고위 관료들이 참배하고 있어 논란을 일으키곤 한다. 독일도 보상 문제에 있어 부족함이 있지만, 최소한 대중을 향한 교육, 고위 공직자의 태도에서는 잘못된 과거를 청산하려는 노력이 엿보인다. 사진은 1970년 폴란드 바르샤바 게토 희생자 추모비 앞에서 무릎 꿇고 있는 당시 독일 총리 빌리 브란트.

너무 차가운 평화: 제1세계, 제2세계, 그리고 제3세계

소련, '착한' 미국에 봉사하다

학자들에게나 외교정책을 담당하는 관료들은 물론이고, 일반인들에게조차 냉전은 리얼리티, 그 자체였습니다. 반세기를 가로지르며 국가, 그리고 사람들의 사고와 행동 양식을 통째로 지배했으니까요. 그 냉전이 공식적으로 종식된 지도 어언 20년을 향해 가고 있습니다. 그런데 그 진정한 실체는 아직까지 속 시원하게 파악되지 않는 것이 사실입니다. 냉전은 어떻게 세상에 뿌리를 내렸고, 어떤 이유로 그렇게 오래 지속되었으며, 또 어떻게 그렇게 갑작스럽게 사라졌을까요? 아니, 정말 사라지기는 한 것입니까? 한반도는 여전히 냉전 상태가 아니던가요?

모 방송국의 프로그램 타이틀처럼 '이제는 말할 수 있다'의 시점이 만약 지금이라면, 우리는 그 냉전의 모습을 어떻게 말할 수 있을까요? 냉전이 현실이었던 것은 부인할 수 없지만, 그 실체에 담긴 오해나 신화도 그 진실만큼이나 많지요. 시간이 흘렀다고 역사의 진실을 100퍼센트 파악할 수는 없습니다만, 이제는 냉전을 조각난 지식으로서가 아니라 하나의 큰 덩어리로서 이해하려는 노력이 필요하다고 생각합니다.

냉전도 전쟁의 일종이라면, 먼저 도발이나 공격을 감행한 침략자가 있겠지요. 미국의 시각에서 본다면 냉전은 당연히 소련의 도발로 시작된 전쟁이고, 미국은 이에 맞서 자유 세계를 지킨 전쟁이었습니다. 미국은 다음과 같은 근거를 제시하며 소련이 침략자였다고 주장합니다.

첫째, 공산 사회의 달성이라는 궁극의 목표에 도달하기 위해서는 서구 자본주의 체제가 반드시 붕괴되어야 한다고 소련이 주장하기 때문이라는 겁니다. 사회주의의 핵심 논리는 혁명, 그것도 피의 혁명에 의해서 자본주의 질서를 무너뜨려야 한다는 것입니다. 하지만 그런 논리를 가지고 있다고 해서 소련을 침략자로 규정하는 것은 무리가 있지 않을까요? 그것도 표현의 자유를 누구보다 존중한다는 미국이 말입니다. '전쟁'이라는 말은 실질적이고 물리적인 폭력을 일컫습니다. 이념이 다르다고, 한쪽이 다른 한쪽의 멸망을 주장한다고 해서 갖다 붙일 수 있는 말이 아닙니다. 물론 우리가 일상생활에서 치열함을 표현하기 위해 '입시전쟁'이니 '경제전쟁'이니 하는 말을 쓰지만, 국가 간의 전쟁은 파괴를 동반한 물리적인 폭력이 행사될 때만 제한적으로 사용해야 합니다. 냉전이라는 말도 마찬가지입니다. 열전과는 달리 직접적인 불을 뿜지도 않았는데 전쟁이라는 말을 쓰려면, '확실하고 현존하는 위협clear and present danger'이었어야 하지요. 과연 소련이 그러한 위협이었는지는, 그것도 미국에게 그랬는지는 의문입니다.

소련이 냉전의 침략자라는 두 번째 근거로 소련이 동베를린, 부다페스트, 프라하, 평양 등에 탱크를 몰고 들어가 무력으로 친소 위성 정권들을 세웠다는 증거를 제시합니다. 이는 사실이고, 매우 설득력 있는 주장입니다. 이렇게 보면 소련은 누가 뭐래도 분명 침략자이고, 미국은 자유 세계를 지켜낸 수호자같이 보입니다. 그런데 몇 가지 의문이 풀리지 않습니다. 미국이 진짜 구원자라면, 왜 처음부터 침략을 당한 동유럽이나 북한을 구해낼 생각은 조금도 하지 않았을까요? 미국은 당시 어느 누구도 감히 도전할 수 없는 명실상부한 글로벌 파워로 이미 부상하고 있었는데 말입니다. 소련보다 훨씬 강한 국력을 가지고 있었는데도 미국은 왜 소련의 침략에 그리도 소극적이었을까요? 그리고 소련은 왜 미국의 소극적인 반응을 보고도 동유럽과 북한에서 침략 행진을 멈추었을까요? 미국은 왜 소련이 동유럽에서 멈추었는데도 소련이 세계 정복을 꿈꾼다며 끊임없이 경계하고 감시했을까요?

적어도 소련이 동유럽에서 벌인 행동은 '악의 제국'이라고 불릴 만했습니다. 소련은 군대를 동원해 남의 나라를 무참히 짓밟았으며, 그 나라 국민의 민주적 권리를 무시하고 친소정권을 강제로 세웠습니다. 그들의 행동은 제2차 세계대전을 일으킨 독일, 이탈리아, 일본의 전체주의와 비슷하게 악마적이었으며, 잔인했습니다. 나치가 했던 그대로 대규모 수용소를 세워 수백만 명을 감금하고, 사람들을 탄압하고 학살했으며, 경찰과 군대를 동원해 반대자들의 인권을 유린하는 짓들을 서슴지 않았던 것입니다.

소련의 이러한 만행이 미국의 정당성을 상대적으로 높여 줄 수도 있겠지만, 그렇다고 미국을 구원자로 만들지는 못합니다. 미국이 자신의 이익까지 희생해 가면서 세계의 고통을 기꺼이 두 어깨에 짊어진 국가는 아니었다는 말이지요. 미국도 소련 못지않게 악한 행동을 많이 저질러 왔습니다. 히로시마와 나가사키에 핵폭탄을 투하해서 민간인을 포함해 수십만의 인명을 살상했으며, 한국전쟁을 포함한 여러 전쟁들에서 양민학살을 수없이 자행했습니다. 그뿐입니까? 소련을 반대한다는 것만 확실하면, 어느 누가 독재를 하건, 국민들을 탄압하고 살육하건 상관하지 않았습니다.

간섭과 침략의 선 : 제1, 2, 3세계

제2차 세계대전 이후 미국은 '자유 세계의 구원자'라는 명분으로, 전쟁으로 인해 철저하게 파괴되어 버린 세계지도를 자신의 이익에 따라 마음대로 그려 나갔습니다. 그것은 정의의 선^{line}도, 자유의 선도 아닌, 이익의 선이었을 뿐입니다. 동유럽과 북한에 국한되었던 소련의 지배력과는 달리 미국의 지위와 영향력은 세계적이었습니다. 당연히 그들의 간섭도 전 지구적이었지요. 미국은 미국이 속한 세계를 제1세계, 소련이 주도하는 세계는 제2세계로 양분했습니다.

소련이 먼저 동유럽을 정복함으로써 도발했기 때문에 이러한 선이 그려졌다고 주장할 수 있겠지만, 사실은 이 역시도 미국이 처음부터 끝까지 주도해서 그은 경계선이었습니다. 제2차 세계대전 전후 처리를 위한 연합국 회담에서 미국이 앞장서서 독일, 이탈리아, 일본 등이 침략했던 세계를 소련과 반반씩 나누어 각각 무장 해제 시키기로 했었던 것입니다. 처음엔 무장 해제라는 이름으로 나눈 영토가 냉전의 경계선으로 굳어져 버렸던 거지요. 미국은 이렇게 하지 않았더라면 소련의 팽창주의 때문에 절반도 건지지 못했을 것이라고 주장합니다. 그런데 제2차 세계대전의 가장 큰 피해자 소련이 도대체 무슨 여력으로 야욕을 품을 수 있었을까요? 대부분의 전후 처리가 미국의 절대적인 주도로 진행되었고 소련은 거의 수동적으로 응했다는 사실도 이런 주장을 매우 궁색하게 만듭니다. 게다가 유럽에 대한 미국의 대규모 재건 계획은 처음부터 동유럽을 배제하고, 서유럽에만 한정해 버리기도 했고요.

더욱이 미국이 주도해서 그은 경계선은 하나가 아니었습니다. 미국은 동서뿐 아니라, 남북도 잘라 버렸습니다. 남북의 선은 동서의 뚜렷한 경계선과 비교하면 희미하지만, 또 다른 의미에서 매우 중요한 경계선이었습니다. 이 두 개의 경계선은 그 누구도 아닌 미국의 의지와 계획에 의해 그어진 것입니다. 여러 역사 문서들이 당시 미국 국무성과 외교위원회가 소위 '대지역Grand Area'이라는 이름으로 미국 중심의 세계, 즉 제1세계를 구축하려는 치밀한 계획을 세웠다고 증언합니다. 이념의 선에 의해 제1세계와 제2세계가 동서로 분할되었다면, 지배와 피지배의 선에 의해 제1세계와 제3세계가 남북으로 분할되었던 것입니다.

이렇게 탄생한 세 개의 세계는 서로 비슷한 세력끼리 경쟁을 벌인 삼국지 같은 구도는 결코 아니었습니다. 정확하게 말하면 미국을 중심으로 엮인 두 개의 분단선이었지요. 제1세계가 주류 지배 세력이었고, 제2세계가 제1세계와 경쟁하기는 했지만 비주류 야당 정도였으며, 제3세계는 과거 제국주의 시절의 지배와 착취를 또 당해야 하는 불행한 국가들의 세계였습니다. 그 이름 그대로 제3자였을 뿐입니다.

이렇게 그어진 두 번째 경계선은 어디선가 본 듯한, 역사적으로 매우 익숙한 선이지요. 그렇습니다! 제국주의 국가와 식민지가 제1세계와 제3세계라는 이름으로 바뀌었을 뿐입니다. 사실 따지고 보면 냉전의 본질은

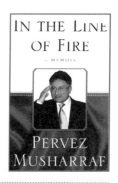

적의 적을 껴안기

미국이 지원한 대표적인 독재정권 중 파키스탄의 무샤라프 정권이 있다. 부시 정권은 테러와의 전쟁을 선포하면서 알카에다의 본거지인 아프가니스탄에 인접해 있는 파키스탄을 껴안기로 한다. 그때까지 독재정권으로 규정되어 있던 무샤라프 대통령은 9.11 테러를 계기로 미국의 우방이 되었다. 무샤라프 대통령은 2006년에 발간한 자서전 『사선에서In the line of Fire(오른쪽)』에서 알카에다 용의자를 미국중앙정보국CIA에 넘기고 수백만 달러의 포상금을 받았다고 밝힌 바 있다.

미국과 소련의 대결이라기보다, 제국주의 질서의 변형이었는지도 모릅니다. 다시 말해서 첫 번째 동서라는 이념의 경계선은 두 번째 남북이라는 경제적 차별의 경계선을 위한 구실에 불과했을 수도 있다는 것입니다. 미국의 주장대로 제2차 세계대전이 전체주의의 위협에 대해 민주주의의 저항이었으며, 전후에도 소련이라는 또 다른 전체주의에 대한 민주진영을 구하고자 했다면, 제3세계의 독립과 건국 과정에서 그토록 많은 독재정권의 출범을 지원했던 것은 도대체 어떻게 이해해야 합니까?

또한 미국은 과거 식민지 시절 고난과 핍박을 가장 많이 받았던 민중이 아닌, 제국주의에 협력하며 호의호식했던 사람들을 요직에 앉혔습니다. 이들 배신자들은 자신들에게 큰 약점이 있으므로 새 주인인 미국에 충성을 다해야만 살아남을 수 있다는 것을 본능적으로 알았지요. 미국도 이런 역학관계를 잘 알고 있었기에, 이들을 이용하면 효과적으로 친미정부를 세울 수 있다고 믿었습니다. 한국, 필리핀, 대만, 베트남, 그리고 중남미의 많은 국가에서 그런 식으로 미국의 지원 아래 구질서의 엘리트들이 옛 영광을 재현했습니다. 민족 배신자들의 부활을 미국이 적극적으로 도운 셈이지요.

국제정치적으로도 미국은 자신에게 유리한 구조를 바꾸는 대신 기존 질서를 이용해서 자신의 영향력을 확대하는 방법을 사용했습니다. 가장 대표적인 것이 독일과 일본에 대한 전후 처리였습니다. 모든 것을 새로 시작하는 것보다, 일본과 독일이 가진 것들을 재활용하는 것이 손쉽고 안정적이라고 생각했던 것입니다. 미국은 군정을 통해 이들 전범 국가들을 원하는 대로 통제할 수 있었습니다. 제국주의의 앞잡이들이 미국에게 두말없이 충성했던 이유와 똑같습니다. 이들 입장에서는 미국의 말만 들으면 어떤 처벌도 받지 않고, 오히려 미국의 힘에 의지하여 전후 복구와 경제 발전을 더 빨리 이룰 수 있다고 계산했던 거지요.

이렇게 세계 자본주의는 미국을 정점으로, 그리고 서유럽과 일본을 선봉대로 재조직되었습니다. 과거 제국주의는 하나의 큰 물결이기는 하되 각각의 국가에 의해 개별적인 정복과 착취로 일어났다면, 이제 전후 자본주의 질서는 전 국가를 연결한 하나의 거대한 네트워크로 탄생하였습니다. 하지만 과거 식민지 국가들의 입장에서는 안팎으로 두 번 죽는 일이었습니다. 제3세계의 국가들은 서유럽과 일본의 재건을 위해 다시 한번 희생양이 되었던 것이지요.

이러한 모든 행동들을 정당화하기 위해 미국이 꺼내든 비장의 카드가 소련을 무시무시한 악마로 만드는 것이었습니다. 미국은 세계를 선과 악의 세계로 양분한 다음 제3세계 국가들에게 하나를 선택하도록 만들었습니다. 대부분은 미국의 자본주의 질서를 수용했지만, 일부는 미국이 과거 식민지 질서를 연장하려는 것에 반발하고 저항운동을 시작했습니다. 자본주의 질서를 수용한 국가에는 주로 식민지 시절 호의호식하던 사람들이 다시 지배자로 등장했던 반면, 반대로 저항한 국가들은 민족주의적 성격을 띠었습니다. 민족주의자들은 그들의 철천지 원수들을 돕고 있는 미국에 저항할 수밖에 없었습니다. 미국에 반대하는 국가는 소련과 군사동맹을 맺지 않더라도, 미국도 소련도 모두 반대하는 순수한 민족주의라 하더라도 미국의 적으로 간주되었습니다. 미국이 만든 세계는 두 개밖에 없었기 때문이지요.

이렇게 되자 신생국의 민족주의자들이 선택할 옵션이 없어졌습니다. 독립은 했지만 가진 것이 아무것도 없었던 그들이 미국이 지원하는 막강한 구질서에 저항하자면 누군가의 도움이 꼭 필요했습니다. 그것이 결국 소련에게 도움을 청할 수밖에 없었던 이유였습니다. 동맹까지는 맺지 않더라도 싸울 무기는 지원받아야 했던 것이지요. 그러나 소련과의 연결은 이들에게 또 다른 비극이었습니다. 소련이 그들에게 제공할 수 있는 것은 무기 외에는 별로 없었으면서도 자신의 이익을 위해 사회주의 독재정권 수립을 부추겼습니다. 이렇게 미국이 만들고 지배하는 세계에서 이를 거부하는 국가의 운명은 불을 보듯 뻔했습니다.

지금까지 살펴본 것처럼, 우리가 미국과 소련 간의 이념 전쟁이라고 부르는 냉전은 실제로 정치적이기보다는 경제적 측면의 전쟁이었는지도 모르겠습니다. 미국의 주장처럼 독재와 민주의 대결은 더욱 아니었으며, 두 초강대국이 자신들의 이익을 위해 상대방을 엄청난 위협으로 과대 포장했던 것입니다.

흔히 공산주의의 반대말은 민주주의라고들 얘기하지요. 제1세계 국가들이 대부분 민주주의 제도를 시행하고 있었고, 소련을 비롯한 동유럽 국가들이 독재를 행했기 때문에 그런 오해는 충분히 가능했습니다. 그러나 본질은 그게 아닙니다. 공산주의가 독재로 흐를 수 있었듯이, 소위 민주 진영이라는 서방에도 많은 독재정권들이 있었습니다. 더 중요한 사실은 미국이 독재 국가와 민주 국가를 구별해 지원하지 않고, 미국의 질서, 즉 자본주의 체제의 수용 여부에 따라 지원했다는 것입니다. 그래서 공산주의의 반대말은 민주주의가 아니라 자본주의라고 해야 합니다.

균형의 미학:
적대적 공생

소련이라는 거대한 위협의 환상

냉전의 진짜 모습을 놓고 오랫동안 서로 치열한 논쟁을 벌여온 두 주장
이 있습니다. 이들 주장이 부딪치는 부분은 과연 냉전이 사회주의와 자
본주의 두 체제 간에 목숨을 건 일대 격전이었던가 하는 것입니다. 실제
로 불을 뿜지 않았기에 냉전이라고 불렀지만, 언제라도 불을 뿜을 수 있
는 그런 긴장과 공포의 상태였을까요? 이 질문에 대한 대답이 갈라집니
다. 한쪽에서는 소련의 위협은 실제로 크지 않았으며, 냉전의 긴장과 공
포감은 과장된 것이라고 말합니다. 소련은 처음부터 미국의 상대가 되지
못했으며, 냉전의 어느 기간에도 소련이 미국을 따라잡거나 도전한 적은
한 번도 없었다는 것입니다. 그 때문에 소련의 붕괴로 인한 자본주의의
승리는 처음부터 예정된 것이었다고까지 말합니다. 그러나 반대편에서
는 소련과 미국이 엇비슷한 힘의 균형을 이루었고, 항상 충돌의 위험이
도사리고 있었다고 주장합니다. 특히 제2차 세계대전 직후 소련식 사회
주의 체제가 보여준 우월성을 언급하고 있습니다. 실제로 소련은 연합국
의 일원으로서 전체주의의 침략을 온몸으로 막아냈습니다. 가장 많은 피
해를 입어 가면서 승리를 획득한 국가이기에 전후 처리에 대한 목소리

를 높일 권리도 가지고 있었지요. 게다가 제1, 2차 세계대전의 원인 중 하나가 서구에 의해서 자행된 제국주의였다는 점에서 소련이 주장하는 반제국주의가 큰 힘을 얻는 분위기였습니다. 공산주의 이념이 가진 반제 국주의와 혁명 사상은 오랜 식민지의 고난을 겪어왔던 제3세계 국가들에게 호소력이 있었습니다. 당연히 제국주의의 주역들이었던 서방 세계는 이러한 분위기가 곤혹스럽기만 했습니다. 제2차 세계대전을 일으킨 침략자는 독일과 일본, 이탈리아였지만, 제국주의에 동참한 거의 모든 나라들을 공범자라고 볼 수도 있으니까요.

전후 혼란기에서 소련식 계획 경제가 실제로도 큰 효력을 발휘했습니다. 적어도 초기에는 말입니다. 서구 국가들의 시장 경제는 전쟁의 여파로 제대로 작동하지 않은 반면에, 공산당의 강력한 지도를 통한 대규모 재건 사업이 동유럽과 구식민지 국가들에게는 잘 먹혔습니다. 게다가 비록 소련이 전쟁으로 인해 막대한 피해를 입었지만, 전쟁을 통해 강력한 군대와 무기 체계를 소유하게 되자 미국과 유럽은 점점 심각한 위기감을 느꼈습니다.

또한 무장 해제를 명분으로 내세웠다 하더라도, 소련이 동유럽을 점령하고 일사천리로 위성국가들을 세워가자 미국은 바짝 긴장하지 않을 수 없었습니다. 이후에도 미국과 소련이 직접 전면전을 벌인 적은 없으나, 1950년대 한국전쟁, 1960년대의 쿠바 핵 미사일 위기, 1970년대 중동 위기와 아프가니스탄 침공, 그리고 1980년대의 신냉전 등에서 나타난 것처럼 실제 충돌의 가능성은 늘 존재했다고 두 번째 주장은 말합니다.

쿠바 핵 미사일 위기|Cuban missile crisis

1962년, 소련이 미국과 가까운 나라 쿠바에 핵탄도 미사일을 배치하려 하자, 미국이 소련을 공격할 수도 있다는 뜻을 밝혔다. 이로 인해 상호 간의 강경책이 연쇄반응을 일으키면서 세계는 미소 핵전쟁으로 인한 대재앙 직전까지 갔다. 결국 미국이 터키에 배치된 미사일을 철거하기로 약속하고, 소련도 쿠바에 설치한 미사일을 철거시키는 조건으로 위기는 끝이 났다. 당시 미국은 소련의 위협에 굴복하는 인상을 줄 수 없다 하여 터키 미사일을 철거한다는 내용을 공식 합의문에서 빼고 이면 합의만 하기로 했는데, 이를 흐루시초프 당시 서기가 수용했다. 이는 후에 흐루시초프가 정치적으로 곤경에 빠지고 실각하게 된 한 원인이 되기도 했다. 미국은 3개월 후 '비밀리'에 터키에 배치된 쥬피터 미사일을 철수했다. 이 사건을 계기로 핵전쟁 회피라는 공통의 과제 아래 '부분적 핵실험금지조약(모스크바 조약)'이 체결되었다.

사실 이 두 관점 중에 어느 쪽이 확실하게 옳다고 단정하기 어렵습니다. 특히 두 번째 주장의 근거로 소련이 가진 핵무기의 위력을 들이댈 경우 이를 부인하기란 쉽지 않습니다.

그러나 곰곰이 다시 생각해 보면 핵무기의 엄청난 위력은 미소의 충돌 가능성을 주장하는 두 번째 주장을 오히려 약화시킬 수도 있습니다. 다른 분야와 마찬가지로 핵무기 영역에서도 미국이 소련에 비해 질적·양적으로 확실한 우위에 있었기 때문에, 이를 너무도 잘 알았던 소련이 먼저 사용할 가능성은 거의 없었다는 것이지요. 핵무기를 처음 개발한 것도, 핵무기를 전략적으로 활용하고자 온갖 애를 쓴 것도, 그리고 실제로 사용한 것도 미국이었습니다. 그러므로 단지 소련이 핵무기를 보유했다는 이유만으로 소련에게만 도발자의 낙인을 찍는 것은 공평하지 않습니다.

이처럼 미국이 반세기 동안 소리 높여 주장해 온 소련의 위협은 실제보다 매우 과장된 것입니다. 동유럽 점령 이후 소련은 그 선전이나 표현과는 달리, 실제로 자신의 세력권을 넘어가는 도발이나 팽창 성향을 보인

적이 거의 없었습니다. 어떤 기준으로 보아도 소련이 미국과 균형을 이룰 만한 국력은 아니었습니다. 그렇다고 냉전 반세기를 끌어온 엄청난 군비 경쟁 및 치열한 체제 경쟁을 단순한 오해나 신화라고 단정할 수는 없습니다. 미국의 과장과 호들갑만으로 수십억 세계인들이 반세기 동안이나 전전긍긍했다는 것도 믿기 힘들지 않습니까? 그렇다면 제3의 가능성을 생각해 볼 수 있습니다.

세계대전 이후 새 질서를 구축함에 있어 주도권 싸움이 치열했으며, 이 때문에 미국과 소련이 다시 돌아올 수 없는 강을 건너 버렸던 것은 사실입니다. 그러나 시간이 흐를수록 초기의 대결 구조는 많이 약화되어 갔습니다. 처음에는 강 저편에 있는 적이 더 신경 쓰였지만, 점차 강 안의 동맹국들을 제대로 통제하는 것이 더 중요해졌기 때문입니다. 강 건너 상대의 도발 위협이 감소되고 안정기로 접어들면서 이런 경향은 더욱 강화되었습니다.

적이여, 제발 사라지지 말아주게!

상대방의 위협이 감소되면, 대결 구조는 약화되고 화해의 길로 들어서는 것이 당연해 보이지만, 그런 식으로 상황이 진전되지는 않았습니다. 가장 큰 이유는 두 체제의 지배국들이 냉전 대결이 주는 반사이익이 매우 달콤하다는 것을 발견했기 때문이지요. 진짜 충돌만 하지 않는다면, 적대 체제를 유지하는 것이 자기 진영의 지배에 대한 정당성을 높여 준다는 사실을 인식한 것입니다. 정당성이 높아지면 훨씬 적은 비용으로 군사는 물론 정치, 경제 등의 분야에서 영향력을 행사할 수 있습니다.

이는 마치 독재자들이 권력의 위기를 겪게 되면 전쟁이나 안보 이슈를

들고 나와 자신의 권력을 강화하려는 행동과 비슷합니다. 이를 '적대적 공생의 원리'라고 부릅니다. 서로가 적이지만 충돌의 위협 때문에 발생하는 이익이 서로의 지위를 오히려 강화시키는 역설의 관계를 뜻하는 이 원리는 냉전 체제를 끌고 온 중요한 원동력이었습니다.

냉전의 적대적 공생이 미국과 소련의 지배력 유지에 얼마나 큰 도움이었는지는 1970년대 데탕트가 역설적으로 증명합니다. 데탕트란 제2차 세계대전 이후 서로가 줄기차게 대결과 위협만을 일삼던 분위기에서 벗어나 긴장을 완화했던 것을 말하지요. 먼저 중국과 미국 간의 이념을 뛰어넘는 전격적인 국교수립을 시작으로, 동서 간에 전례 없는 활발한 교류와 협력들이 일어났습니다. 동서화합의 물결은 평화로 이어지는 긍정적인 효과를 보였지만, 이것이 두 지배 국가에게 결코 좋은 일만은 아니었습니다. 더 이상 상대방의 위협을 자기 진영에서 지배력을 강화하기 위한 빌미로 이용하기 어렵게 되었기 때문입니다. 이즈음에 미국에게 거의 절대적으로 충성하던 유럽과 일본이 경제와 무역 분야에서 미국과 갈등을 일으켰으며, 이로 인해 전반적인 동맹관계도 악화되었습니다. 비밀리에 이루어진 중미 수교 역시 미국 안보우산의 신뢰도를 의심하게 만들었습니다.

데탕트가 초래한 지배력 약화는 소련 진영에서 더욱 심각했습니다. 안 그래도 소련이 가진 초기의 매력이 얼마나 허상이었던가를 알게 된 동유럽은 소련 지배에 대해 실질적인 반기를 들던 참이었습니다. 실제로 헝가리, 유고, 체코 등은 사회주의 동맹에서 이탈하고자 대규모 저항을 일찌감치 감행했습니다. 이에 충격을 받은 소련은 다시 무력을 동원해 진압하였으며, 아프가니스탄을 본보기 삼아 침략하여 다시 적대적 긴장의 끈을 동여매게 되었습니다.

기묘한 냉전의 세력 균형

앞 장에서도 지적했듯이 국제정치는 중앙정부가 없는 소위 무정부 상태이기 때문에, 싸움이 벌어질 가능성이 매우 높은 상태입니다. 국제정치에서 이러한 무정부 상태를 근본적으로 없애 버릴 수는 없지만, 그 혼란을 감소시킬 수 있는 대안 중에 하나가 세력 균형을 유지하는 것입니다. 세력 균형은 국가 간의 힘을 비슷하게 유지함으로써 상대국이 함부로 침략을 하지 못하게 하는 방법입니다. 힘이 비슷해서 승리를 확신하지 못하면 싸움이 쉽게 일어나지 않는 원리를 따른 것입니다. 많은 학자들이 냉전 반세기를 국제정치사에서 세력 균형의 대표적인 예로 간주합니다. 그러나 실제로 양국의 국력은 균형보다는 불균형에 가까웠습니다. 미국 자체의 힘도 압도적이었고, 자본주의 진영에 참여한 국가의 숫자가 사회주의 진영 국가들보다 많았으며, 그 지역도 훨씬 더 넓었습니다.

그래서 어떤 학자들은 원칙적인 세력 균형을 약간 비트는 방법으로 설명하기도 합니다. 국제정치에서 세력 균형이란 힘이 비슷할 때 유지되는 것이 기본이지만, 때로는 상대방이 얼마나 위협적인가가 균형추가 된다고 합니다. 즉, 물리적인 힘의 균형보다는 위협에 대한 균형을 유지하려는 성향을 보인다는 뜻이지요. 이를 냉전 체제에 적용하면 비록 미국이 소련보다 힘이 강했지만, 소련이 훨씬 더 위협적이었으므로 자본주의 동맹에 더 많은 국가들이 참여했다는 것입니다. 또 다른 설명은 국제정치의 균형은 물리적 균형과 달리 강력한 국가에 편승해서 자신의 이익과 안전을 도모하려는 방향으로 균형추가 움직인다는 것입니다

이러한 설명들이 냉전의 매우 중요한 측면들을 설명해 주기는 하지만, 균형의 본질에 대해서는 뭔가 찝찝한 여운을 남깁니다. 위협 균형이든 편승 균형이든 어쨌든 균형은 아니며, 오히려 미국과 소련의 국력에는 불균형이 존재했음을 시인하는 설명입니다. 그리고 균형이 아니라면, 반세기 이상 유지된 냉전을 세력 균형으로 설명할 수는 없다는 것이고요. 이는 무엇을 뜻할까요? 그렇습니다! 바로 적대적 공생의 원리가 동원되어야 미국과 관계를 설명할 수 있습니다. 그것도 미국이 주도하는 적대적 공생의 원리로요. 미국은 소련을 무너뜨리거나 제압할 힘이 있었지만 무리해서 제압하지 않았으며, 오히려 소련의 위협을 과장하는 방식으로 보다 쉽게 세계를 지배할 수 있었다는 말입니다. 이는 소련으로서도 굳이 거절할 필요가 없는 조건이었습니다. 자기보다 힘이 훨씬 센 미국을 제압할 수 없는 상황에서, 자기 진영에서의 동요를 막을 수 있는 효과적인 체제였으니까요. 소련도 미국의 위협을 선전하며 자기 진영의 동요를 막았습니다. 냉전으로 인해 소련은 국내 세력과 동유럽의 위성국들을 확실하게 장악할 수 있었으며, 미국은 유럽과 아시아의 동맹국, 아프리카와 남미의 제3세계 국가들이 친미성향으로 남게 할 수 있었습니다.

미국과 소련의 적대적 공생은 전 세계에 수많은 분신들을 낳았습니다. 독일과 베트남 등의 분단 국가들에서는 냉전 체제의 적대적 공생을 잘 이용하는 자가 권력을 잡을 수 있었습니다. 그중에서도 한국의 역대 독재정권들과 북한의 김일성 체제는 가장 전형적인 적대적 공생이었습니

다. 내가 반대편의 체제보다 얼마나 정당한 권력인가를 경쟁하기보다는, 상대방이 얼마나 악하고 위험한 체제인가를 선전하는 것이 자신들의 과오를 가리고, 권력을 유지하기에 편리했습니다. 그 외에도 남미나 중동, 기타 아시아 지역에서도 친미정권들은 소련의 위협을, 그리고 친소정권들은 미국의 위협을 내세우며 정권을 유지했습니다. 이렇듯 서로 사생결단을 내고야 말 철전지 원수라고 으르렁거리던 미국과 소련은 실제로는 서로에게 없어서 안 될 존재였던 겁니다.

소련은 정말 악마였을까?

그들은 왜 외국인을 혐오하게 되었나?

러시아의 역사는 프랑스, 영국, 독일 등과 함께 유럽 열강의 한 자리를 차지했던 근대 러시아 시절부터, 20세기 초 사회주의 혁명 후에 탄생한 소련, 그리고 20세기 말 사회주의가 붕괴되고 러시아로 재탄생하기까지 그야말로 파란만장했습니다. 시베리아의 끝에서부터 서쪽 국경의 끝까지 9시간의 시차가 날 만큼 광대한 영토를 소유했다는 사실은 강대국으로서 군림하게 하는 중요한 자산이었던 반면에, 사방이 적에게 노출되어 있어 안보 불안을 숙명처럼 안고 살아야 했다는 의미이기도 합니다.

우리나라의 반도라는 지리적 위치가 가지는 양면성과 같다고나 할까요? 반도는 대륙과 해양을 연결합니다. 그래서 국력이 강할 때는 대륙과 해양으로 치고 나가기에 매우 유리하지만, 반대로 국력이 약할 경우에는 대륙과 해양 국가들이 진출하는 길목에서 쉽게 침략의 대상이 됩니다. 한국은 불행하게도 후자의 경우라서 역사적으로 900회가 넘는 외침^{外侵}을 받아왔습니다. 그래서 다소 자조적인 표현이기는 하지만 한반도를 집 현관에 깔고 발을 터는 데 사용하는 도어매트^{doormat}라고 부르기도 합니다.

소련은 한국과 달리 침략자가 된 경우도 많았습니다. 그러나 동시에 여

"수염을 기르려면 세금을 내시오."
표트르 대제는 18세기에 강력한 서구화 정책을 통해 러시아를 근
대화했다. 생활습관도 그 대상이었다. 그는 긴 수염을 깎고 신하
들에게도 따를 것을 명령했다. 수염을 자르지 않은 자에게는 '수
염세'를 받았다. 표트르 대제는 팽창정책의 일환으로 스웨덴을 공
격하여 항구도시 상트페테르부르크를 빼앗았다.

러 차례 큰 전쟁에서 침략을 당해 영토가 유린되기도 했습니다. 러시아
는 지리적 위치가 유럽이기도 한 동시에 아시아에 속한 독특한 나라입니
다. 그 때문인지 늘 정체성의 혼란을 겪었습니다. 러시아는 유럽에 대한
동경을 가지고 있었고, 항상 유럽의 일원이 되고자 노력했습니다. 18세
기 표트르 대제가 강력한 서구화 정책을 시행한 이후 러시아는 마침내
유럽 열강의 한 축을 차지하게 됩니다. 그러나 그들은 영토 크기와 인구,
그리고 군사력에만 의존한 강국이었을 뿐 정치·경제·사회 등 거의 모든
분야에서 유럽에 비해 처져 있었습니다. 당연히 러시아인들에게는 늘 유
럽에 대한 열등의식과 안보에 대한 공포가 자리하고 있었지요.

나폴레옹과 히틀러의 침략은 이러한 공포가 현실화된 사건이었으며, 러
시아인들의 사고방식에 엄청난 영향을 끼치게 됩니다. 1812년에는 50만
의 프랑스군이, 그리고 1941년에는 3백만의 독일군이 러시아를 침공해
전국을 초토화시켰습니다. 물론 두 전쟁 모두 결과만 보면 러시아가 적
을 물리친 것이지만, 말 그대로 상처뿐인 승리였습니다. 전력상 열세를
면치 못했던 탓에 그들이 사용한 전략은 특이하게도 '비우기 전략'이었
습니다. 혹독하게 추운 날씨, 그리고 방대한 영토를 가진 러시아는 침략

프랑스를 외면한 러시아 대화재
1812년, 나폴레옹이 이끄는 프랑스 대군은 러시아 모스크바에 너무 쉽게 입성하게 되어 어안이 벙벙해진다. 그러나 도시에는 시민은 물론이고 빵 한 조각, 한 꾸러미의 건초도 남아 있지 않았다. 여기에 곧 원인을 알 수 없는 대화재가 일어나 그나마 남아 있던 건물들도 모두 불타 버리고 만다. 프랑스군은 혹독한 추위, 적들의 게릴라 공격, 굶주림에 못 이겨 퇴락했다.

해 오는 국가에 정면으로 맞서는 대신 도시들을 비우면서 피하는 방법을 썼던 것입니다. 물론 그냥 피하지는 않았습니다. 식량은 물론이고, 적군이 사용할 가능성이 있는 시설물에 불을 지르거나 파괴함으로써 적들이 영토를 정복해도 별로 건질 것이 없게 만들었습니다. 나폴레옹 전쟁 당시 모스크바의 4분의 3을 태워 버린 대화재는 역사적으로 유명한 사건입니다. 화재까지 일어나자 러시아 영토로 깊숙이 쳐들어온 침략자들은 식량 부족과 추위와 싸워야 했던 거지요. 톨스토이의 명작 『전쟁과 평화』에는 러시아를 침략했던 프랑스 군인들이 추위와 배고픔으로 죽어가는 장면이 생생하게 등장합니다. 당시 50만 나폴레옹의 군사 중에 겨우 2만 명만 살아남아 프랑스로 돌아갈 수 있었습니다. 나폴레옹이나 히틀러는 러시아 침공으로 인해 결정적으로 전세가 불리해졌지만, 러시아 자신도 만신창이가 되었습니다. 이런 역사적 경험도 있는데다가 드넓고 확 트인 대륙 위에 어떤 보호막도 없기 때문에, 러시아인들은 외부로부터의 침략에 대한 유별난 공포를 가지고 있습니다. 이를 두고 학자들은 '제노포비아xenophobia', 외국인 또는 이방인 공포증이라고 부릅니다.

제노포비아는 외부 침략에 대한 극도의 경계심으로 나타나지만, 때로는

제노포비아는 남의 이야기?

외국인 혐오증은 러시아만의 문제가 아니다. 국내 제노포비아 역시 경기 침체와 실업난, 양극화 문제 등을 외국인 탓으로 돌리고 있다. 이 같은 주장을 하는 사람들은 〈불법체류자 추방운동본부〉라는 이름으로 조직적인 집단행동에까지 나서고 있다. 이들은 인권 침해 논란을 낳고 있는 외국인 지문날인의 도입, 불법체류 외국인 노동자에 대한 철저한 단속 등을 주장한다. 이 외에도 〈외국인노동자대책시민연대〉, 〈불법외국인노동자대책참여연대〉 등 반외국인 단체가 있다.

공격적이고 호전적인 성향으로 표출되기도 합니다. 러시아 내에서도 외국인들에 대한 폭력이나 범죄로 나타납니다. 히틀러의 유대인 학살도 제노포비아의 예가 될 수 있으며, 스탈린을 비롯한 러시아의 역대 독재자들의 공포 정치에도 작동했습니다. 오늘날 러시아에서는 스킨헤드로 불리는 백인우월주의자들에 의해 매년 수백 건씩 일어나는 외국인 피습 사건이 심각한 사회 문제가 되고 있습니다.

냉전의 강자도 두려움은 있었다

이러한 역사적 배경은 러시아인들에게 안보를 위한 완충지대를 만들고자 하는 강력한 열망으로 나타났으며, 제2차 세계대전 이후 이를 적극적으로 실행에 옮기고자 했습니다. 동유럽을 발 빠르게 장악한 것, 러시아 연방 내의 공화국 체제를 이룬 데에도 그런 목적이 크게 작용했습니다. 소련은 러시아 공화국을 포함하여 모두 15개의 공화국으로 구성되어 있었는데, 대부분이 서유럽과의 국경선을 따라 배치되어 있는 것만 봐도 알 수 있습니다. 북쪽은 얼음뿐이고, 동쪽은 황량한 시베리아인데다가, 유럽과는 달리 아시아에는 두려워할 잠재적 침략자가 거의 없었던 반면에, 서쪽과 서남부 지역은 유럽과 맞닿아 있었기 때문입니다. 이러한 완충지대에 대한 집착은 소련이 붕괴된 이후에도 나타납니다. 연방의 공화국들이 모두 독립을 함으로써 러시아는 근대 이후 가장 작은 영토를 가지게 되었으며, 나라가 전체적으로 동쪽으로 이동한 것처럼 되어 버렸습니다. 그래서 러시아 정부는 이들 구소련으로부터 독립한 공화국들을 근외지역near abroad으로 부름으로써 옛정(?)에 호소하며 특별한 관계를 가지고자 노력하고 있습니다.

과거 러시아와 중국의 관계도 이런 성향을 반영하는 예가 될 수 있습니다. 냉전이 진정한 이념 대결이었다면, 러시아와 마찬가지로 중국도 사회주의 노선을 채택하였으니 같은 편에 서는 것이 당연합니다. 그런데 소련은 겉으로는 중국을 형제의 나라로 취급했지만, 사회주의의 유일 지배를 흔들 수 있는 라이벌의 등장을 내심 불편하게 생각했습니다. 이 때문에 장제스와 마오쩌둥이 내전을 벌일 때 겉으로는 마오쩌둥을 돕고, 비밀리에 장제스를 돕는 양다리를 걸쳤지요. 제2차 세계대전 당시처럼 약해질 대로 약해진 중국이 소련의 구미에는 딱 맞았습니다. 물론 중국도 이 사실을 잘 알고 있었기에 협력할 일이 있어도 소련을 신뢰하지 않았습니다. 세계에서 가장 긴 국경선을 중국과 마주하고 있다는 사실은 안 그래도 외침에 대한 뿌리 깊은 공포를 가지고 있는 러시아인들에게 여간 불편한 일이 아니었습니다. 중국 공산당의 건국 이래로 의심은 계속 깊어졌으며, 1950년대 중반에는 국경에서 대규모 무력 충돌이 일어날 정도로 관계가 악화되었습니다. 이것이 1970년대 중미 간의 국교정상화를 가능하게 만든 중요한 이유 중 하나입니다.

이러한 사실들은 무엇을 말할까요? 미국이 소련을 마치 세계 정복을 위한 마스터플랜을 가지고 침략 행위를 서슴지 않는 악마의 제국이라고 선전하고, 철저한 봉쇄정책을 앞세워 소련을 포위한 것은 한마디로 오버라는 것입니다. 오버하지 않은 쪽은 오히려 소련이었습니다. 소련이 동유럽을 위성국화한 것은 사실이었지만, 이는 세계 정복의 준비 단계라기보다는 안보를 위한 완충지역으로서의 의미가 큽니다.

우리는 제2차 세계대전 직후 전쟁을 승리로 이끈 데에 소련의 공헌이 컸다는 이유로 연합국이 소련의 영토 확장과 세력 팽창을 허용했다는 사실을 기억할 필요가 있습니다. 제2차 세계대전 최대의 피해국이었던 소련은 서방을 멸망시킬 의도는커녕 능력도 처음부터 없었습니다. 그들이 선택한 사회주의 사상이 자본주의의 종말을 목표로 한 것은 맞지만, 그것을 실행에 옮기는 실제적인 시도를 한 것은 아니라는 말입니다.

그렇다고 소련이 전체주의를 강화해 수많은 소수 민족들을 탄압하고, 강제로 동유럽을 복속시킨 행위들을 옹호하려는 것은 절대 아닙니다. 소련도 미국이나 서유럽 국가 못지않은 제국주의 국가였던 것은 틀림없습니다. 그러나 냉전을 이념의 전쟁으로만 보고 그 안에서 소련만 악마로 몰아 버릴 경우, 그 반대쪽에 있는 미국을 비롯한 서구 자본주의 국가들이 저지른 과오에 대해서는 면죄부를 얻게 되는 모순을 지적하는 것입니다.

소련의 붕괴,
자살인가 타살인가?

적당한 분노의 적절한 효과

적대적 공생에서 못 다한 얘기가 있습니다. 지난 2008년 1월 말 미국의 ABC 방송이 보도한 내용 중에 매우 흥미로운 연구 결과가 있었습니다. 방송은 미시간대 연구팀이 「가족 커뮤니케이션」이라는 저널의 최근호에 발표한 논문을 인용하면서 "배우자에 대해 분노를 밖으로 표현하는 사람들이, 화를 참고 사는 사람들보다 더 오래 산다는 연구 결과를 얻었다."라고 보도했습니다. 1971년부터 미시간 주의 작은 마을 주민 166쌍의 부부를 40년 가까이 관찰한 끝에 내린 결론이라고 합니다.

'화를 참으면 병이 된다' 또는 '남에게 욕을 많이 먹으면 오래 산다'라는 옛말이 딱 맞아 떨어지는 연구 결과가 아닌가 합니다. 그런데 여기에 한 가지 주의를 덧붙이고 있습니다. 분노를 표출하라는 것은 전쟁을 치르듯이 죽기 살기로 싸우거나 폭력을 행사하라는 것이 아니라, 비폭력을 전제한다는 것입니다. 그렇다면 냉전 반세기 동안 미국과 소련은 원수라기보다는 서로가 폭력적인 충돌을 피하면서, 한편으로는 상대방에 대한 끊임없는 비난과 분노를 표출하면서 함께 살아온 부부 같은 관계는 아니었을까요?

충돌을 피하되 분노는 적당히 표출하며 오래 살았던 부부들도 결국에는 수명이 다 하고 죽었듯이, 미소 냉전 체제도 1980년대 말부터 붕괴하기 시작했습니다. 두 강대국에게 적대적 공생의 이득을 가져다 주며 안정을 구가하던 냉전이 왜 무너졌을까요? 앞에서 냉전이 전쟁이라면 전쟁을 일으킨 침략자가 있을 것이라고 했습니다. 마찬가지로 냉전도 전쟁이었고, 그 전쟁이 종결되었다면 승리자와 패배자가 있어야 할 것입니다. 결과만 보면 당연히 미국이 승리자이고, 소련은 패배자입니다. 그런데 미국이 승리한 것인가요? 아니면 소련이 패배한 것인가요? 말장난처럼 들릴 수도 있지만 이 두 가지를 구별해 보는 것은 큰 의미가 있습니다.

냉전이 이념 대결이었으며, 그 이념 대결에서 미국이 승리했다는 데 초점을 맞출 경우에는 미국식 자본주의 체제가 소련식 사회주의 체제보다 우월했다는 것을 자연스럽게 증명하는 것이지만, 소련의 패배에 초점을 맞춘다면 자본주의의 우월성이 자동으로 입증되지 않습니다. 미국식 자본주의 체제의 경쟁력과는 상관없이 소련식 사회주의가 스스로의 모순에 의해 붕괴되었을 수도 있었기 때문입니다. 즉, 1991년 12월 24일에 소련 체제가 자살한 것이라고 주장할 수도 있는 것이지요. 과연 소련의 붕괴는 자살이었을까요, 아니면 타살이었을까요?

소련의 붕괴, 어느 쪽이 더 우월했는가의 문제

미국의 승리에 무게를 두는 시각은 먼저 봉쇄정책의 성공이라고 주장하는 사람들에게서 쉽게 찾아볼 수 있습니다. 소련의 붉은 물이 세계로 번지는 것을 막기 위해 길목마다 동맹의 진만 잘 치고 기다리면, 소련은 결국 붕괴하고야 말 것이라던 봉쇄정책의 창시자 조지 케난의 예언이 적중한 것일까요? 제2차 세계대전 직후에 공산화시킨 동유럽과 몇몇 사회주의 국가들을 제외하고는 더 이상의 팽창을 하지 못했던 것은 바로 이러한 봉쇄정책의 성공이었다고 그들은 주장합니다. 정말 미국은 봉쇄정책을 통해 사회주의 진영을 효과적으로 고립시킨 것일까요? 이와는 조금 다르게 1970년대 데탕트를 미국 승리의 분수령으로 보는 시각도 있습니다. 이전까지 미국의 봉쇄정책과 소련의 철의 장막은 소련이 어려움 속에서도 자기 진영 내의 지배력을 근근이 유지할 수 있는 장치였습니다. 그러나 데탕트로 봉쇄와 철의 장막이 느슨해지자 체제의 약점이 노출된 것이지요. 특히 사회주의 진영 내부가 동요했고, 이를 간파한 미국이 적극적으로 이용했기 때문에 소련이 붕괴했다고 해석합니다. 미국의 함정에 빠지는 바람에 결국 붕괴까지 이어졌다는 것입니다.

1980년대 레이건 행정부는 소련의 아프가니스탄 침공을 빌미로 신냉전의 분위기를 조성하며, 급속한 군비 증강을 추진했습니다. 이때 소련도 덩달아 군비 증강을 하지 않을 수 없었으며, 이는 그러지 않아도 어려운 경제 여건을 결정적으로 악화시켰습니다. 미국에 비해 판돈이 턱없이 부족했던 소련은 먼저 부도를 낼 수밖에 없었지요.

한편 소련의 붕괴가 미국과는 거의 관계가 없는 자살에 가깝다고 말하는 사람들도 있습니다. 오늘날 대부분 러시아인들은 소련 체제의 붕괴를 서구에서 주장하듯 사회주의의 필연적인 붕괴로 해석하지 않았습니다. 그들은 고르바초프 개혁 과정에서의 실수와 옐친이 자신의 권력을 잡기 위해 고르바초프의 개혁 실패를 이용했기 때문이라고 생각합니다. 이렇게 해석할 경우, 소련의 붕괴는 사회주의 실험과는 별로 연관성이 없어집니다. 이런 식의 정권 붕괴는 다른 국가에서도 얼마든지 일어날 수 있고,

또 일어났던 현상이기 때문입니다.

소련은 1917년 볼셰비키 혁명을 통해 역사상 최초로 사회주의가 본격적으로 실험된 국가였습니다. 그런 까닭에 소련의 붕괴를 사회주의 이념의 몰락으로 해석하는 시선도 있습니다. 자본주의의 불평등에 대한 대안으로서 시도된 실험이 이론과 실천에서 모두 실패했다고 단정하면 간단한 것이지요. 하지만 소련이 사회주의 전체를 대변한다고 할 수 있을까요? 소련의 몰락은 사회주의의 몰락이 아니라, 소련이 그 이념을 구현하는 데 실패했기 때문으로 볼 수도 있습니다. 더욱이 소련이 사회주의를 제대로 실천했다기보다 민족주의적 전체주의나 독재 체제에 불과했다면, 소련의 붕괴를 사회주의 체제의 패배로 단정하긴 어렵지요. 그리고 자본주의의 약점이 소련 붕괴 이후 훨씬 악화되고 있다는 점에서 미국의 승리가 곧 자본주의의 우월성을 입증하지는 않는 것입니다.

사회주의는 원래부터 현존하는 질서에 저항하는 혁명의 관점이었으며, 따라서 현재의 우월성보다는 유토피아 건설이라는 미래의 목표에 강점이 있습니다. 서구 사회에서도 소련 붕괴의 원인을 사회주의 체제의 모순에서 찾지 않는 견해들이 많습니다. 특권층의 장기 지배에 의한 부패 때문으로 해석하기도 하고, 소련의 핵심적인 외화벌이 수단이었던 석유 가격이 1980년대 폭락하면서 전 에너지 산업의 위기와 식량 위기로 연쇄 반응을 일으켰기 때문이라고 보기도 합니다.

미국이 살아남아서 세계는 행복한가?

물론 소련 붕괴가 자살이고, 사회주의 자체의 실패가 아니라고 해도 현실이 달라지지는 않습니다. 오늘날 시장만능주의의 끝 모르는 행진이 계속되고 있을 뿐입니다. 하지만 아무런 이의 제기 없이 미국의 손을 들어 주기에는 뭔가 부당하게 느껴집니다. 특히 소련이라는 악의 제국이 퍼뜨리고자 했던 사회주의 바이러스를 성공적으로 막아냄으로써 평화를 지켰다고 주장하는 미국의 자기 중심적 논리에 동의하기 어렵습니다. 이 기간 동안 미국과 소련이 충돌하지 않았고 자기들끼리는 평화를 유지했다지만, 약소국들은 그 사이에서 새우등이 터지는 일들을 무수하게 겪어야 했습니다.

아시아와 아프리카, 그리고 동유럽 국가들은 이들 초강대국 때문에 숱한 희생을 치렀습니다. 미국은 자신의 질서를 보존하기 위해 덩치 큰 국가들은 건드리지 않고 작은 나라를 길들이는 데만 집착했습니다. 한국전쟁과 베트남전쟁은 물론이고, 아프가니스탄, 라오스, 니카라과, 그라나다 등 약소국들만 본보기로 삼았습니다. 한 개의 썩은 사과를 제거하지 않으면, 박스 안의 사과 전체가 썩어 버릴 것이라는 도미노 이론에 입각해서 자기가 세운 체제에 대한 도전이나 이탈을 절대로 허용하지 않았습니다. 그뿐입니까? 냉전의 굴레로 인한 빈곤의 악순환은 또 어떻습니까?

다음 장으로 넘어가기 전에 문제 제기를 한 가지 더 하고 싶습니다. 만약에 소련이 자살한 것이 아니고 미국이 이긴 것도 아니라면, 혹시 순서의 차이는 아닐까요? 미국이 소련보다 판돈이 더 있어서 더 오래 버티고 있는 것일 뿐, 두 강대국 모두 결국에는 역사의 뒤안길로 흘러가지 않을까요? 붕괴의 속도만 다른 것은 아닐까요? 오늘날 미국은 체제 경쟁에서 이겼다고 득의에 가득한 웃음을 흘리고 있지만, 과도한 군사주의로 인해 소련의 뒤를 따르고 있는지도 모릅니다. 이런 문제 제기가 더욱 설득력을 가지게 된 것은 9.11 테러 이후 미국의 모습 때문일 것입니다.

거꾸로 된 세계지도는 거꾸로 되지 않았다

세계지도는 왜 지금처럼 '뒤집혀' 있을까?

세계지도는 왜 지금처럼 '뒤집혀' 있을까?

세계지도는 왜 지금처럼 '뒤집혀' 있을까?

세계지도는 왜 지금처럼 '뒤집혀' 있을까?

세계지도는 왜 세계를 그대로 담지 않았을까?

세계지도는 왜 세계를 그대로 담지 않았을까?

세계지도는 왜 세계를 그대로 담지 않았을까?

세계지도는 왜 세계를 그대로 담지 않았을까?

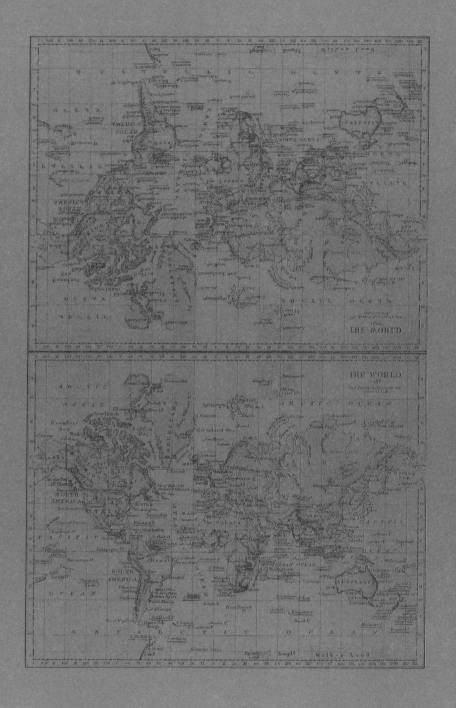

지구는 둥글다.
그러나 지도 위의 지구는
상대적이고 정치적이다.

둥근 지구를 종이 위에 정확히 구현하기란 거의 불가능하다. 그래서 가능한 한 완벽한 지도를 만들기 위한 '지도 투영법'은 수백 가지에 이를 정도다. 현재 우리가 가장 흔하게 접하는 지도는 1595년 메르카토르 투영법을 사용해 만들어진 지도다. 이 지도는 각 지점을 직선으로 연결했기 때문에 나침반 하나만 있으면 목적지에 다다를 수 있다는 장점이 있다. 그래서 흔히 이 지도를 '대항해 시대의 지도'라고 부른다. 그러나 방위만을 중시한 탓에 면적이나 거리 등이 심하게 왜곡되어 있다. 위쪽으로 올라갈수록 실제보다 대륙의 면적이 크게 보이는 것이 그 예다. 즉 미국을 포함한 북아메리카, 유럽 등은 크게 보이지만, 아래쪽에 있는 아프리카, 동남 아시아 등은 작게 표현되어 있다. 실제로 남미 대륙의 9분의 1에 지나지 않는 그린란드는 메르카토르 지도에서 남미 대륙과 거의 비슷한 크기로 보인다. 북아메리카의 크기는 아프리카의 3분의 2정도지만 메르카토르 지도에서는 그보다 훨씬 커 보인다.

그러나 서구 중심적 사고를 벗어난 세계지도가 전혀 없는 것은 아니다. 오스트레일리아는 남쪽을 위로 잡은 세계지도를 만들었다. 그 지도에서는 오스트레일리아의 중요도가 매우 높게 느껴지고 반면에 유럽 국가들이 아래쪽으로 내려와서 열등하다는 느낌을 줄 수 있다. 한국에서도 남쪽을 위로 한 지도가 소개되었다. 위아래를 바꾼 지도에서는 한국이 유라시아와 태평양을 연결하는 지역이라는 점이 명확하게 드러난다. 메르카토르 지도에서 유라시아 대륙의 꼬리처럼 보이던 모습과 크게 비교된다. 독일의 아르노 페터스가 제안한 지도도 있다. 그는 과거의 세계지도가 백인 우월주의와 외국인 혐오에 근거한 지도임을 지적하며, 면적의 왜곡을 줄인 지도를 소개했다.

"지도는 세계의 역사와 정치를 묘사하는 데 필수적인 것이지만 그것은 단지 반영에 불과하다. 그러므로 이미지에만 집중하지 말자. 그 과정을 숙고하고 그것을 만든 제작자들에 대해 깊이 생각해 보자."

— 아서 제이 클링호퍼 『지도와 권력』 중에서

3

9.11 테러가 일어나지

않았더라면?

2001년 9월 11일. 미국이 지배하는 일극 체제의 허점이 그대로 노출된 사건이 일어 났다. 9.11 테러가 바로 그것이다. 이를 계기로 그때까지 패권 질서를 조심스럽게 관리해 오던 미국이 변하기 시작했다. 통제와 인내의 고삐를 풀고 패권의 과도한 확장에 몰입하게 된 것이다. 미국의 일방주의는 전 세계의 비난을 샀는데, 한 나라에 대한 이토록 극단적인 적대감은 역사상 유래가 없을 정도다.

3부에서는 9.11 테러가 미국의 음모에 의해 조작된 사건이라고 가정하고, 오늘날 미국 패권의 문제점을 짚어 본다. 역사 속 패권 국가들은 필연적으로 쇠퇴했다. 패권의 과도한 확장을 시도하고 있는 미국은 패권 굳히기에 들어간 것일까? 아니면 패권을 갉아먹고 있는 것일까? 미국 패권은 어느 방향을 향해 질주하고 있는 걸까?

2001~, 미국은 어디로 가는가?

2001년 9월 11일, 테러리스트들이 민간 항공기 4대를 납치해서 뉴욕의 세계무역센터와 워싱턴의 국방부 펜타곤 건물 등에 충돌시켜 수천 명의 민간인들을 살상했다. 이 사건은 전 세계에 엄청난 충격을 던졌고, 탈냉전의 평화 분위기를 일시에 급반전시켰으며, 미국 정부가 '테러와의 무한 전쟁'을 선언하게 만들었다. 부시 행정부는 테러리스트를 뿌리 뽑겠다는 명분으로 아프가니스탄과 이라크를 연이어 침공했다. 바야흐로 미국에 반대하는 국가들과 전면적인 적대정책을 실시하게 되었던 것이다.

그러나 미국 정부의 주장과는 달리 수천 명의 목숨을 앗아간 테러 사건은 알 카에다도, 빈 라덴도, 그리고 미국의 중동 정책에 불만을 품은 이슬람 근본주의자들의 소행도 아니었다. 이 전대미문의 사건은 뜻밖에도 미국 정부, 특히 부시 행정부의 극우 세력이 만들어 낸 자작극이었음이 밝혀졌다. 사건의 진실을 파헤친 사람들이 제시한 증거들은 다음과 같다.

첫번째는 세계무역센터 빌딩의 붕괴 이유가 비행기 충돌이 아니라 사실은 내부에 미리 준비해두었던 폭발물 때문이었다는 것이다. 그 증거는 폭발 당시 마침 〈세계무역센터의 24시〉라는 다큐멘터리 필름을 찍고 있었던 에티엔 소레의 영상물이다. 영상을 보면 빌딩의 북쪽 건물, 비행기가 충돌한 지점 아래에서 비행기가 부딪치기도 전에 폭발이 일어났던 것을 발견할 수 있다. 그 외에도 테러 며칠 전에 24시간 경비근무자의 스케줄이 갑작스럽게 변경된 것이나, 폭발물 탐지견을 철수시킨 점, 그리고 건물 출입에 대한

©Joshua Gipe

1
미국은 침공의 대가로 무엇을 얻었나? 미국은 9.11 테러의 배후로 지목된 오사마 빈 라덴에 보복하기 위해 그가 숨어 있는 아프가니스탄과 이라크를 연이어 침공했다. 명분은 '테러와의 전쟁', 즉 테러를 방지하기 위해 대량살상무기를 제거한다는 것이었으나 결혼식장을 잘못 폭격하는 등 수많은 민간인 사상자를 냈다. 결국 끝내 목표로 삼았던 빈 라덴과 알 카에다 조직의 뿌리뽑기와 대량살상무기를 찾는 데는 실패했다.

2
붕괴의 목격자 세계무역센터가 무너지던 그 시각. 다큐멘터리 작가 에티엔 소레Étienne Sauret는 〈세계무역센터의 24시〉라는 영상물을 찍다가 두 번의 폭발을 카메라에 담게 되었다. 9.11 테러의 음모설을 주장하는 이들은 이 영상물을 근거로 들어 건물 붕괴가 내부에서부터 일어났다고 주장한다. 동영상에서는 북쪽 건물이 붕괴되기 직전 오른쪽에서 먼저 폭발이 먼저 일어났으며, 건물과 비행기 날개가 부딪힌 흔적이 보이지 않았다는 것이 그러한 주장의 근거다.

통제를 평소보다 강화하고 수상한 훈련을 반복한 것도 미심쩍다. 현장에 있었던 소방수, 경비원, 그리고 생존자들과의 인터뷰에서도 건물 붕괴 이전부터 내부에서 여러 차례 폭발이 계속되었다는 증언을 들을 수 있었다. 다른 것은 제쳐 두고서라도 400미터나 되는 고층 건물이 붕괴하는 데 자유낙하속도와 비슷한 9초밖에 걸리지 않았다는 것은 붕괴가 비행기 충돌 탓만이 아님을 보여준다. 그것은 정교한 폭파공법에 의한 사전준비 없이는 도저히 불가능한 일이라고 건물폭파 전문가들은 한결같이 지적했다.

국제무역센터 빌딩의 붕괴 외에 다른 폭발도 의문 특성이다. 미국방성 펜타곤 건물과 펜실베니아 주에서 추락한 비행기 잔해가 거의 발견되지 않았다는 점 역시 조작의 가능성을 의심하게 한다. 특히 펜타곤에 정면충돌했다는 사진 자료에는 커다란 날개나 엔진이 건물에 부딪친 흔적이라고 하기에는 너무 작은 구멍만이 뚫려 있었다. 이는 이 충돌이 비행기에 의한 것이라기보다는 크루즈 미사일에 의한 것임을 입증한다.

이러한 몇 가지 의문점들 외에도 9.11 테러 사건으로 이득을 챙긴 사람들을 보면, 본 사건이 처음부터 의도된 음모라는 점이 더욱 확실해진다. 세계무역센터의 건물주인 래리 실버스타인이 사건 발생 6주 전에 35억 달러짜리 테러 보험에 가입한 사실과, 사고 항공사들이 공교롭게도 테러 발생 전 '풋옵션foot option'이라는 주식투자로 엄청난 차익을 챙긴 점을 순전한 우연으로 보기 어렵다. 또한 2000년 대선 당시 앨 고어와의 접전에서 개표 착오 등으로 찝찝한 승리를 거둔 부시 대통령에게, 9.11 테러는 한 방에 통치력 누수를 극복하고 절대적 권력을 갖게 해주었다.

테러의 주범으로 지목되었던 빈 라덴이 사실은 부시 가문과 그 측근들의 사업적 파트너일 가능성이 높다는 점도 의심스럽다. 게다가 부시 대통령은 9.11 테러를 계기로 애국법을 제정했고, 아프가니스탄과 이라크를 침공함으로써 무소불위의 권한을 얻었다. 또한 국방부의 강경파, 이들의 전통적 지지 기반인 군수산업체들이 막대한 이득을 취한 점에서 부시 행정부가 빈 라덴의 파트너일 가능성은 더욱 확실해진다. 냉전의 대결이 끝나고 탈냉전이 도래하면서 불던 평화의 바람. 이것이 그들에게는 권력과 부의 축소를 의미했기 때문에 이를 극적으로 반전시킬 그 무언가가 반드시 필요한 상황이었다. 그때 때마침 터진 것이 9.11 테러였던 것이다.

* 본 가상 시나리오는 9.11 테러의 음모론을 제기한 〈루스 체인지〉와 〈화씨 9.11〉 등을 참고해서 재구성한 내용임.

1

어제의 친구, 오늘의 적 프랑스 「르피가로」지 기자인 에릭 로랑Eric Laurent의 저서 『부시 가문의 전쟁』에 따르면 미국의 43대 대통령의 아버지인 41대 대통령 조지 부시가 사우디 아라비아를 여행할 때마다 빈 라덴 일가를 방문했다고 한다. 그가 고문으로 있던 카일라일 그룹에게 빈 라덴 가문은 중요한 재정 파트너 중 하나였다는 사실은 널리 알려져 있다. 그러나 이 책의 저자는 9.11 테러와 관련된 음모론보다는, 빈 라덴이 이미 미국에 적대적이었던 시점부터 관계를 정리하지 않은 미국의 무원칙성에 문제를 제기한다. 사진은 9.11 테러 현장.

울고 싶은데 뺨 때리기

9.11 테러를 둘러싼 음모론들

독자들도 눈치 챘겠지만, 3부의 가상 시나리오는 9.11 테러가 일어났다는 사실 자체를 뒤집지는 않았습니다. 대신 그것이 우리가 알고 있고, 또 공식적으로 보고된 것처럼 테러리스트에 의한 참극이 아니라 미국 정부가 계획한 사기극이었다고 가정했습니다. 그렇게 가정하면 무엇이 달라질까요?

수천 명의 선량한 시민들의 목숨을 눈 깜짝할 사이에 앗아간 그날의 일을 생생하게 기억합니다. 세계 최고의 부의 상징인 세계무역센터 쌍둥이 빌딩이 녹아내리듯 무너지고, 세계 최고의 무력의 상징이었던 워싱턴 미국방성의 건물이 파괴되었습니다. 테러리스트들은 군용기도 아닌 민간 항공기들을 공중 납치해서 차례로 충돌시켰던 것입니다. 텔레비전을 통해서 전 세계에 생중계되다시피 한 비극적 참사는 영화나 소설보다 더 비현실적으로까지 느껴졌습니다.

9.11 테러가 발생한 지 벌써 7년이 흘렀습니다. 그런데도 음모론이 끊이지 않고 있습니다. '9.11'과 '음모conspiracy'라는 단어를 인터넷 검색창에 치면 200만 건 이상의 자료가 조회되고, 그에 대해 공식적으로 출판된

도서만 600권이 넘습니다. 지금까지 나온 음모론들 중에도 최고봉은 아무래도 〈루스 체인지〉와 〈화씨 9.11〉일 것입니다. 앞의 가상 시나리오도 이들 음모론에서 따온 것입니다. 이 두 음모론은 미국의 CNN이나 ABC, FOX 방송국에서 보도되었고, 한국에서도 〈그것이 알고 싶다〉와 〈PD수첩〉 등에서 스페셜로 다룰 만큼 파급력이 있었습니다. 2008년 2월 19일 영국의 시사주간지 「이코노미스트Economist」 지는 인터넷 검색 엔진 구글에서 가장 조회수가 많고 인기 있는 세계 10대 음모론을 선정해서 발표했는데 9.11 테러가 단연 1위로 뽑혔습니다.

물론 음모론은 사실과 다르기 때문에 인정받지 못하고, 음지에서 퍼지기 마련입니다. 그러나 9.11 테러 음모론이 많은 사람들에게 사실이라고 느껴질 만큼 설득력을 가지고 있는 것도 사실입니다. 폭발을 동반한 테러 사건의 경우 증거를 위한 현장 보존이 어렵고, 특히 9.11 테러처럼 범인들이 사망했을 경우 당시 상황을 정확하게 알 수 없으니 의혹을 불러일으키기 쉽지요. 여기에 정부의 공식적인 조사가 미비하거나, 비밀리에 진행될 경우에도 의문을 증폭시킵니다. 하지만 9.11 테러를 음모라고 간주하기에는 상당한 무리가 있습니다. 음모론의 입증 자료들이 일부 설득력이 있기는 하지만 내세운 증거들은 대부분 정밀함이 떨어집니다. 나름대로 가설을 세워 놓고, 그 가설에 부합하는 증거만 의도적으로 선택하고 맞지 않는 것은 버리는 전형적인 오류들을 범하고 있습니다. 마크 로버츠Mark Roberts라는 사람은 〈루스 체인지〉가 81개의 직접적 오류와 345개의 논리적 착오를 담고 있는 허술한 음모 이론이라고 비판하기도 했습니다.

루스 체인지 Loose Change
9.11 테러를 다룬 딜란 애버리Dylan Avery 감독의 다큐멘터리다. 이 다큐멘터리는 비교적 과학적인 자료를 제시하고 신빙성 있어 보이는 목격자들의 증언 등을 담고 있어 큰 반향을 일으켰다. 미국방부는 이례적으로 다큐멘터리에 대한 반박 보고서를 제출할 정도였다.

뉴스나 다큐멘터리 필름이라고 해도 객관적인 사실만을 담지는 않습니다. 이 책이 처음부터 주장하는 핵심 중에 하나가 관점이 달라지면 사실에 대한 해석이 전혀 달라질 수 있다는 것이지요. 예를 들어 광화문 한가운데서 노동자들의 데모가 일어났다고 합시다. 이를 보도하는 방송이 전투경찰에게 얻어맞아 피 흘리는 노동자의 모습을 집중적으로 보도하는 경우와, 반대로 노동자들이 던진 화염병에 맞아 부상 당한 경찰의 모습을 카메라에 담는 경우 전혀 다른 메시지의 보도가 될 것입니다. 둘 모두 사실인데도 말입니다.

한 가지 예를 더 들어 볼까요? 대통령 선거 운동을 하는데 한 후보자가 강남의 부자 동네와 강북의 판자촌을 모두 방문하여 사람들을 만났습니다. 그런데 방송에서 강남의 부자 동네를 방문하는 장면만 연속적으로 내보낸다면, 그것은 분명 사실이라 하더라도 공정한 보도는 아니지요. 음모 이론도 그런 면에서 사건의 한 부분만 집중적으로 부각시키므로 진실을 호도할 가능성이 높습니다.

세부적인 사실 관계를 확인하는 방법 외에 음모 이론의 신빙성을 판단하는 가장 간단하면서도 중요한 방법은 그 음모가 성공했을 때 얻을 이익

미국이 세계 최강이 아니라면?

과 실패했을 때에 치러야 할 비용을 비교해 보는 것이라고 합니다. 이익보다 실패의 대가가 클수록 음모론의 신빙성은 떨어집니다. 9.11 테러도 그 음모가 성공할 경우 얻을 수 있는 이익에 반해 음모가 발각되었을 때 각오해야 할 위험이 너무 크다는 점에서 신뢰도가 떨어집니다. 음모론을 의심하게 만드는 또 다른 이유는 이 정도 규모의 사건을 꾸미기 위해 동원해야 할 엄청난 인원과 준비 기간 등을 고려하면, 비밀이 생명인 작전을 성공적으로 수행하기가 극히 어렵다는 점입니다.

그런데 여기서 중요한 문제는 이런 놀라운 선동이 많은 사람들에게 먹히고 있다는 사실입니다. 누군가 9.11 테러가 음모라는 가설을 세우고 이를 증명하기 위해 작은 사실을 과장하고, 없는 연결을 만들어 내고, 마음대로 증거들을 선택했다면, 왜 이런 가설이 꾸준히 힘을 얻을까요? 어떤 음모론이 설득력 있게 받아들여지는 경우는 그 행위로 인해 큰 희생을 치른 집단과 그 바로 옆에 부당한 이득을 얻은 자들이 있기 때문이지요. 부시 행정부, 그중에서도 핵심적으로 정책을 주도했던 소수의 강경보수파들이 바로 그들입니다. 그리고 이들을 통해서 경제적 이득을 얻는 군수산업과 금융산업 세력도 포함됩니다.

9.11 테러에 대한 음모 이론의 전부를 믿는 사람은 드물어도 부분적으로 동의하는 사람들은 좀 있을 것입니다. 약간 방향을 달리해서 사건을 사전에 조작하지는 않았지만, 사전에 정보가 있었음에도 고의적으로 무시했다는 정황들은 드러나고 있습니다. 또한 미국은 9.11 테러가 일어난 후 빈라덴을 숨겨준 책임을 물어 아프가니스탄 침공을 단행했다고 하지만, 실제로는 9.11 테러가 일어나기 수개월 전부터 아프가니스탄 침공을 구체적으로 준비하고 있었답니다. 이것을 두고 일이 발생하도록 고의로 내버려 두었다는 영어 단어의 머리글자만 따서 'LIHOP^{let it happen on purpose}'라고 부릅니다. 이마저도 지나친 억측이라고 한다면 이것은 어떨까요? 부시 행정부가 9.11 테러를 그들의 권력 강화에 120퍼센트 이상 활용했다는 주장 말입니다. 부인하기 어렵지 않을까요?

미국은 평화가 불편하다

사실 탈냉전 이후 평화 분위기는 미국이 가진 국력의 유용성을 역설적으로 감소시켰습니다. 다시 말하자면, 패권 국가의 힘은 위기 상황에서 더 큰 위력을 발휘하는데 갑작스런 평화 무드가 그 힘을 사용할 기회 자체를 줄인 것입니다. 미국의 힘은 사상 최고조에 달하고 있었는데 말이죠. 더욱이 강력한 국력을 바탕으로 미국 패권을 유지하겠다는 목표를 세운 보수적인 부시 행정부에게 평화는 무척 어색했습니다. 미국의 지배 연합을 지난 반세기 동안이나 정당화시키며 굳건하게 유지시켜 주었던 강력한 적도 사라졌습니다. 적의 공백은 이들의 권력 유지를 위해서 결코 좋은 환경이 아니었던 것입니다.

미국이 냉전 반세기를 보내면서 구축한 엄청난 규모의 '군사 세계^{military}

world'에 있어 평화란 앞이 캄캄해지는 일이었을 것입니다. 중요한 것만 쳐도 700개가 넘는 전 세계의 주요 군사기지와 군인들, 그리고 그곳을 운영하는 수많은 인력들은 평화가 오면 모두 해산해야 하는지 불안하기만 했습니다. 핵무기 몇 개만 있어도 세계를 통째로 무너뜨릴 수 있는데도 그에 아랑곳 않고 쌓아 놓은 그 많은 무기들은 모두 어떡합니까? 다른 산업 분야에서는 경쟁력을 잃은 미국의 유일한 밥줄이었던 군수산업과, 그들에게 받은 돈으로 대통령도 되고, 의원도 되고, 관료도 되었던 사람들은 앞으로 어떻게 부를 계속 유지할지 난감했습니다.

그런데 그때 마침 9.11 테러가 일어난 것입니다. 울고 싶은데 뺨을 때려 준 격이었습니다. 기다렸다는 듯이 부시 행정부는 강력한 후폭풍을 일으켰습니다. 아프가니스탄과 이라크를 침공해서 쑥대밭으로 만들고, 반反 테러전쟁의 기치 아래 대통령에게 막강한 권력을 집중시켰으며, 국토안보부를 신설하고, 애국법을 만들어 인권 제한이나 정보 사찰까지 가능하게 했습니다.

당연히 줄어들던 국방비는 순식간에 치솟았습니다. 9.11 테러 이후 미국은 세계 모든 국가의 국방비를 합친 정도와 거의 비슷한 수준의 국방비를 매년 쏟아 붓고 있습니다. 2007년 국방 예산이 4,393억 달러에 이르는데, 이는 이라크전에 드는 전투 비용 1,200억 달러를 제외한 금액입니다. 군사 세계는 더 크게, 그리고 더 막강하게 확장되었습니다. 부시와 그 측근들, 지지 세력들이 정치·경제적으로 막대한 이득을 취할 수 있게 된 것은 두말할 필요가 없는 일이었습니다.

미국이 아프가니스탄을 침공했을 때만 해도 미국을 향한 비난은 그리 크지 않았습니다. 9.11 테러의 배후라고 자처한 빈 라덴이 아프가니스탄에 숨어들었고, 아프가니스탄의 탈레반 정부가 스스로 빈 라덴의 보호자라고 선언했기 때문입니다. 세계 여론은 미국이 당한 엄청난 비극에 무한한 동정표를 보냈으며, 엄청난 인명을 살상한 테러리스트를 인류의 공적으로 간주하고 한 목소리로 비판했습니다. 북한 정권조차도 이런 반테러 움직임에 동조할 정도였으니까요. 미국이 이렇게 전 세계의 공감을 불러일으킨 예는 이전에도 이후에도 아마 찾아보기 어렵겠지요. 그런데 미국은 시간이 갈수록 동정은커녕 도리어 비난의 대상, 더 나아가 '공공의 적'이 되어 갔습니다. 무엇이 잘못된 것일까요? 냄비처럼 쉽게 끓었다가 쉽게 식어 버리는 국제 여론의 가벼움 탓일까요? 아닙니다! 대부분은 부시 행정부가 자초한 것입니다. 미국이 전쟁을 일으킨 진짜 목적이 군사주의 확장이라는 것을 사람들이 알게 된 것이지요. 부시 행정부의 연이은 무리수는 수면 아래 잠자던 비판들을 깨워 내기 시작했으며, 이라크 침공은 가히 그 절정을 불러왔다고 할 수 있을 것입니다. 국제연합까지 무시한 일방주의 대외정책은 국제사회의 비난을 자초했고, 무리한 이라크 침공으로 말미암아 쌓여만 가는 인적·물적 희생들은 미국 사회 내부 여론까지 분열시켰습니다. 이런 과정에서 허술하고 선동적인 음모론에 가장 확실한 근거를 제공한 쪽은 역설적이게도 부시 정권이었습니다.

뉴욕의 쌍둥이 빌딩이 무너진 자리를 '그라운드 제로Ground Zero'라고 부릅니다. 원래 원자폭탄이나 수소폭탄 등이 떨어진 피폭의 중심을 가리키는 군사용어입니다. 매년 9월 11일을 전후하여 그라운드 제로에는 추모 행렬이 끊이지 않습니다. 그런데 초기에 애국주의가 넘치던 분위기가 해가 갈수록 달라지고 있습니다. 한편은 여전히 추모 분위기인 반면, 다른 한편에서는 음모에 대한 진실 규명과 이라크 전쟁 종식을 외치는 데모대의 외침이 시끄럽습니다. 부시의 일방주의와 전쟁 드라이브가 죄 없이 죽어간 많은 시민들에게 욕이 되고, 드러내고 추모할 수 없는 분위기를 만들고 있는 것입니다. 희생자들을 두 번 죽이는 일이지요. 공격당한 미국, 비극을 겪은 미국의 상처는 없고, 함께 상처를 싸매었던 단합은 사라지고 국론은 분열되었으며, 세계적으로는 반미만 확산되고 있습니다.

공룡과 독사들

탈냉전, 평화와 다른 말

20세기에는 역사에 획을 그은 중요한 사건들이 참 많이도 발생했습니다. 그중에서도 두 번의 세계대전과 한 번의 냉전은 인류의 사고방식과 생활 방식을 상상할 수 없을 만큼 바꿔 버렸습니다. 영원히 지속될 것만 같았던 냉전조차 20세기를 끝내 넘기지 못하고 해체되었습니다. 냉전이 그 등장과 퇴장에서 모두 열전만큼 극적이지는 않았더라도, 인류에게 끼친 영향은 결코 두 열전 못지않았지요. 그리고 그 영향은 시간이 흐르면서 점점 명확히 드러나고 있습니다. 그런데 우리는 아직도 탈냉전의 실체가 무엇인지, 냉전과 탈냉전이 어떻게 다른지도 확실하게 알지 못하는 것 같습니다.

20세기 말에 사회주의가 붕괴함으로써 미국은 누구도 부인할 수 없는 유일 패권으로 군림했습니다. 미국은 탈냉전 도래 이후 약 10년간 모든 분야에서 그야말로 어떤 작은 허점도 찾을 수 없는, 영원히 지속될 것만 같은 위풍당당 그 자체였습니다. 군사력은 말할 것도 없고, 정치 및 경제, 그리고 문화나 교육 분야, 어느 하나 미국과 경쟁할 상대가 없었습니다. 어쩌면 냉전 기간의 소련이 미국과 그나마 맞상대할 수 있었던 처음이자

마지막 라이벌이었지요. 하지만 그마저도 군사 분야에 한정된 것이었고, 과장된 신화라는 것을 생각하면 미국의 힘은 경이롭기까지 합니다.

냉전이 마침내 종식되자 세계는 하늘 높은 줄 모르고 치솟기만 하는 미국의 엄청난 권력이 한편으로 두렵기도 했지만, 동시에 초강대국 간의 대결이 끝났다는 점에서 새로운 희망을 품기도 했습니다. 본질적으로 무정부 상태인 국제정치에서 미국이 그 엄청난 힘을 이롭게 사용해서, 어쩌면 정말로 착한 정부로서 세계의 안정과 평화를 보장해 줄 수도 있을 거라 기대했습니다. 제2차 세계대전 이후 약소국에게는 물론이고 강대국에게도 미국의 힘은 당연한 것이었으며, 심지어 합법적이었습니다. 그래서 유일하게 미국의 힘에 대해 불복종하던 세력마저 사라진 이후에는 미국의 권력이 그 강력함만큼이나 정당할 것으로 기대했던 것입니다. 아버지 부시 대통령은 탈냉전 시대의 시작을 선포하면서 평화가 가능한 이 새로운 세계 질서new world order에서 미국은 좋은 리더가 되겠다고 다짐했습니다.

그러나 미국이 선언한 대로, 그리고 모두가 기대하는 대로 세계가 흘러가지는 않았습니다. 전쟁과 권력 투쟁을 말끔하게 지울 수 있다는 생각 자체가 순진한 것이었을까요? 현실은 오히려 전쟁 없는 세상을 꿈꾸는 것이 얼마나 허망한지를 확인시켜 주었지요. 민주주의와 시장경제를 중심으로 하나가 되기는커녕 국가는 더욱 강력하게 불을 뿜었습니다. 배타적인 민족의식은 강해지고, 종교와 문화적 이질성은 더욱 두드러져서 세계 각지에서 충돌했습니다. 처음에는 모두가 유럽연합처럼 통합의 물결에 동참할 것처럼 보이기도 했지만, 그것은 '트렌드'가 아니라 '예외'라는 것을 깨닫는 데 그리 오랜 시간이 필요하지 않았습니다. 더욱 안타까운 곳은 아시아, 아프리카, 그리고 동유럽 지역입니다. 제1차 세계대전 이후에도 그랬고, 제2차 세계대전 이후에도 일방적 희생을 강요당했는데, 탈냉전 이후에도 좋아진 것은 전혀 없었으며, 체제 전환의 와중에 전쟁과 빈곤, 그리고 혼란을 또다시, 더 깊게 겪었습니다. 유일한 해결자로 기대를 한몸에 받았던 미국, 과거의 어떤 제국보다 선한 제국이라던 미국이 그들의 문제를 해결해 줄 것으로 기대했지만 미국 역시 자신들의 문제로 혼란스럽기만 했습니다. 발칸의 보스니아에서, 아프리카의 르완다에서, 그리고 아시아의 동티모르 등에서 미국은 문제를 해결하기는커녕 악화시키거나 아니면 아예 외면하기를 반복했습니다. 미국은 하루아침에 적을 잃은 '이상한 나라의 앨리스' 같았습니다. 클린턴 행정부 시절 CIA 국장을 역임했던 제임스 울시James Woolsey는 "소련이라는 공룡을 처치하고 나니 이제 독사가 가득한 정글에 놓인 처지가 되었다"라는 말로 탈냉전의 불안한 세계를 표현했습니다.

9.11 테러를 보는 불안과 안도감

그러던 차에 9.11 테러가 터졌습니다. 9.11 테러는 미국이 지배하는 체제의 불안정성을 그대로 노출시켰습니다. 무엇보다도 9.11 테러는 피해 당사자인 미국인들에게 두 가지 점에서 큰 충격을 주었습니다. 하나는 미국의 힘, 즉 국력에 관련됩니다. 라이벌 소련이 사라진 후 유일한 패권의 자리에 오른 미국이, 전 세계를 좌지우지할 수 있는 초강대국 미국이 고작 수십 명의 테러리스트들에 의해 일순간에 무력해진 것입니다. 자신들이 가장 강하고 안전하다고 느낀 시점에서 미국인들은 가장 심각한 안보 불안에 직면했습니다.

두 번째로 미국인들은 전통적인 이념에 직격탄을 맞았습니다. 처음부터 도덕성과 이념에 대한 우월감을 가지고 출발한 미국은 자신들이 지금까지 이룩해 온 민주주의와 자유경쟁을 기반으로 하는 시장 체제를 모든 국가가 닮아야 한다고 믿어 왔습니다. 그래서 미국의 정치가들뿐 아니라 일반 국민들에게서도 자기들이 세계에서 가장 모범적인 국가라는 '미국 제일주의'를 쉽게 발견할 수 있습니다. 그런데 9.11 테러는 이를 뒤엎어 버리는 충격을 주었습니다. 특히 소련이 붕괴한 뒤 '착한 제국, 미국의 유일 패권 등극은 곧 미국 이념의 승리'라는 결론에 찬물을 끼얹고 말았습니다. 미국의 위선과 도덕적 타락에 대한 빈 라덴의 통렬한 지적과 '9.11 테러는 미국의 우월주의가 불러온 예견된 사태'라는 식의 국내외적 비판에 심한 상처를 입었습니다.

부시 행정부는 9.11 테러가 일어난 근본적인 원인을 살펴보고 새로운 시대에 맞는 평화안을 모색하기보다는, 가장 손쉽고 빠른 힘의 정치로 복귀하는 방법을 선택했습니다. 그리고 테러리스트들을 악마화하기 시작했습니다. 전자, 즉 힘의 과시는 전쟁을 일으키는 것이었습니다. 후자 역시 그리 어려운 일이 아니었습니다. 테러리스트들은 민간 항공기를 무기로 무고한 시민을 살상했기 때문에 그들을 악마로 만드는 데에는 큰 노력이 필요하지 않았습니다. 적어도 테러 직후에는 말입니다. 그 결과 그동안 미국과 적대적이었던 국가들, 미국의 대외정책에 비판적이었던 국가들까지 모두가 테러리즘에 대한 공동전선에 동참했습니다.

그리하여 탈냉전 초기 흔들리던 미국의 대외정책이 9.11 테러를 계기로 확실한 방향을 잡았습니다. 20세기 후반을 통틀어 미국 대외정책을 합리화시키는 만병통치약이던 '반공'이라는 용어가 이제 테러리스트나 악의 축에 대한 저항, 즉 '반反테러'라는 용어로 대체되었습니다. 미국 정치에서 견제의 역할을 하는 야당도 없어졌습니다. 당시 민주당은 공화당 정부의 극우 드라이브에 견제나 비판을 하기는커녕 오히려 모두가 앞 다투어 'YES' 하는 분위기로 변했고, 언론 역시 비판 기능을 잃어버렸습니다.

미국에게는 불편하기 짝이 없었던 탈냉전의 모호함 대신에 간단명료한 흑백논리의 냉전적 안보 인식으로 돌아가는 것이 더 편했을 것입니다. 미국은 역시 공룡을 전문으로 잡는 힘 좋은 사냥꾼이지, 독사들이 들끓는 세계를 안정시킬 관리형 리더십은 부족했던 거지요. 아버지 부시가 "새로운 정의와 공정한 행위의 원칙이 강자로부터 약자를 지켜 줄 것"이라고 한 지 단 10년 만에, 바로 그의 아들에 의해 미국의 대외정책은 다음과 같이 바뀌었습니다. "우리는 자위권을 행사하기 위해 독자적인 선제 행동을 주저하지 않을 것이다. 최선의 방어는 효과적인 공격이다."

소련을 대신할 공룡 찾기

9.11 테러가 초기에는 그 충격파로 인해 소련에 버금가는 위협이었더라도 사실 테러리스트들은 미국의 국력과 비교하면 한줌도 되지 않는 적들이었습니다. 따라서 위협의 생명력은 그리 길지 않았습니다. 그들은 날카롭게 한 방 쏘는 독사가 될 수는 있어도, 공룡은 결코 아니었기 때문입니다. 이는 누가 봐도 무리한 끼워 맞추기라는 것이 시간이 갈수록 명확해졌습니다. 게다가 테러리스트는 보이지 않는 위협이었기에, 그리고 타격 대상이 주로 미국이었기에 미국이 외치는 위험성이 다른 국가들에게

는 똑같이 느껴지지 않는다는 문제가 있었습니다. 이 때문에 미국은 깡패 국가라는 이름으로 이라크, 북한, 이란 같은 국가들을 위협 리스트에 추가하고, 이들 때문에 세계 평화가 위협받고 있다고 주장했습니다.

이들 '깡패 국가'들은 테러리스트보다는 명확한 실체이기는 하지만 미국과는 비교할 수 없는 약소국들입니다. 대부분 민주주의를 외면하고 독재를 행사하며 국민을 탄압하는 정권들이기는 해도 미국을 위협하거나 직접 도발을 감행하는 존재들은 아닙니다. 소련을 공룡이라고 한 것은 과장이기는 했어도 먹혀들 여지가 있었습니다. 그러나 이번에는 아니어도 너무 아닌 논리를 가지고 억지를 부렸기에 동조자는 점점 사라져 갔습니다. 국제연합이 반대하는데도 미국이 엄연한 주권 국가를 충분한 증거도 없이 침략하자 국제 여론은 미국에 등을 돌립니다. 세계는 독사에 물려도 죽지 않을 미국이 자신의 행위를 정당화하기 위해 물리지도 않았는데 죽는다며 엄살을 떨고 있다고 생각했습니다.

그렇다면 중국은 어떤가요? 중국은 소련이라는 공룡을 대신할 공룡이 될 수 있을까요? 미국은 중국을 다음 공룡으로 여기고 있을까요? 실제로 미국 내에서는 중국 위협론이 꽤 오래된 주장인데, 최근 점점 더 힘을 얻고 있는 듯합니다. 냉전 기간에 같은 사회주의 국가이면서도 소련에게 늘 경계의 대상이었던 것처럼, 중국은 그 인구와 크기만 놓고 봐도 공룡이 될 잠재력이 충분해 보입니다. 더욱이 1970년대 개혁의 물결 이후 수십 년간 줄기차게 발전해 온 경제는 공룡에게 날개를 달아 주는 듯합니다. 최근에는 엄청난 군비 확장을 했고, 세계의 원료를 빨아들이는 블랙홀이 되고 있으며, 이 때문에 미국과 에너지 확보 문제를 놓고 충돌할 가능성이 높아지고 있습니다.

다르푸르 사태의 방관자들

지금 수단 다르푸르에서는 강대국들의 외면 속에서 무고한 주민들이 죽어가고 있다. 2003년 기독교계 흑인 반군이 중앙 정부에 반기를 들자, 정부의 지원으로 조직된 민병대 잔자위드가 민간인을 대상으로 학살과 강간을 자행하고 있기 때문이다. 서구 열강이 이 사태를 방관하고 있는 이유는 석유 때문이다. 다르푸르는 매우 풍부한 석유 매장량을 갖고 있다. 미국은 중국이 수단에서 석유를 가져가는 대가로 이들에게 무기를 팔고 있으며, 이것이 다르푸르 학살에 이용되고 있다고 주장한다.

부시 대통령도 2000년 대통령 선거 기간부터 중국을 동반자라기보다 경쟁자로 보고 있으며, 기존 우방들과의 동맹을 강화해 중국의 군사적 위협을 막겠다는 의도를 여러 차례 강조한 바 있습니다. 특히 백악관과 국방부 내의 강경파들을 중심으로 중국이 결국에는 위협이 될 것이므로 이에 철저히 대비해야 한다는 주장이 반복되고 있지요. 미중 간의 경제적 의존성은 날로 깊어지고 있지만, 미국 리더십의 인식 속에는 근본 가치관의 차이, 종교 자유의 문제, 인권 문제 등을 이유로 두 국가의 협력이

미국이 세계 최강이 아니라면?

장기적으로 계속되기는 불가능하다고 보고 있습니다.

중국은 일찌감치 시장경제에 들어와 미국에 의존해 왔으므로, 미국에 정면으로 도전하기에는 포기해야 할 것이 너무 많다는 점에서 과거의 소련과는 다른 존재입니다. 그러면서도 미국은 중국에 대한 불안감을 늘 가지고 있습니다. 더욱이 21세기 초 동북아 지역은 남북한 문제, 대만 문제, 중일 군비 경쟁, 급속한 경제 성장으로 인한 에너지 쟁탈전 등의 문제가 있어 언제든지 충돌이 일어날 수 있는 폭탄의 뇌관이라고 생각하고 있습니다. 이를 반영하듯이 최근에는 주한미군 역시 중국을 의식해서 패트리어트 미사일을 비롯하여 신형무기들을 서해안에 집중적으로 배치하고 있습니다.

현재 공룡 후보 중에 중국이 1순위인 것만은 분명하지만, 중국이 공룡이 되기는 아직 먼 얘기로 판단됩니다. 그러나 거대한 국가연합이 되어 가고 있는 유럽이나 신흥강국으로 떠오르는 인도나 브라질, 러시아와 어떤 식으로든 연계되면 공룡이 될 가능성이 있다고 봅니다. 물론 더 가능성이 높은 시나리오는 중국이 미국을 완전히 대체하기보다는, 미국에 대한 세계 국가들의 의존성을 감소시키는 것이겠지요. 최근에 중국이 러시아와 군사훈련을 포함한 다각적인 협력을 모색하고 있는 점이나, 미국과 관계가 불편한 브라질을 비롯한 남미국가들과 적극적으로 협력을 추진하고 있는 점도 그렇습니다. 게다가 중국은 9.11 테러 이후로 미국의 눈에 벗어난 소위 불량 국가들의 생명줄이 되고 있다는 점도 눈여겨봐야 합니다.

미국이 21세기의 로마라면?

미국의 길은 로마로 통한다?

인류의 역사를 통틀어 패권 국가를 하나만 꼽으라면 아마도 로마제국이 아닐까 합니다. 로마는 유럽과 아시아, 그리고 아프리카의 일부까지 아우르는 세력을 자랑했으며, 시간적으로는 앞뒤가 조금 불분명하지만 천 년을 훌쩍 넘는 왕국이었습니다. 또 문화적으로는 인류 문명의 초석을 쌓았고, 로마를 직접 이어받은 서구 문명이 지금까지도 세계를 지배하고 있다는 점에서 이의를 제기하기 힘들 것입니다.

역사상 가장 막강했던 나라를 하나만 더 꼽으라면 열의 아홉은 아마도 미국을 말할 것입니다. 그 전에도 그랬지만 탈냉전 이후 미국이 절대적 강자로 떠오르면서 로마제국과 비교하려는 시도가 특히 많았습니다. 한 국가가 이토록 압도적으로 다른 국가들에 영향을 끼친 가장 유사한 역사적 사례가 로마와 미국이라고 생각하기 때문일 것입니다. 로마와 미국을 비교하는 것은 학문적으로도 의미가 있겠지만, 미국 패권이 전환점에 선 것으로 보이는 현 시점에서 흥망성쇠의 공통점과 차이점을 견주어 볼 수 있어 매우 흥미롭습니다.

기원전 27년 아우구스투스 왕이 등극한 후 약 200년간 로마제국은 동쪽으로는 페르시아, 북쪽으로는 라인 강과 도나우 강을 경계로 지중해 주변 전역의 패권을 장악했습니다. 로마 패권에 의해 이루어진 장기간의 안정을 두고 팍스-로마나Pax-Romana라고 부른다고 앞에서 소개했지요. 역사가인 타키투스Tacitus는 로마가 군사력으로 폐허를 만들어 놓고 멋대로 평화라고 불렀다며 비판한 바 있습니다. 그런데 지금의 미국도 로마와 크게 다르지 않은 듯합니다. 압도적인 군사력을 통해 세계의 지배자로 군림한 두 국가는 많은 공통점을 지니고 있습니다. 하드 파워로 불리는 군사력뿐만이 아닙니다. 로마와 미국은 지식·문화·언어 등의 소프트 파워에서도 타의 추종을 불허합니다.

2002년 영국의 한 TV가 인기리에 방영했던 프로그램은 로마제국을 분석함으로써 로마와 미국의 놀랄 만한 유사점을 보여 주었습니다. 우선 두 국가는 최대의 돈과 최고의 기술로 무장한 군사력을 가지고 있어 당대에 어떤 경쟁 상대도 허용하지 않을 정도로 막강했습니다. 미국과 로마의 국방 예산은 나머지 국가들의 전체 국방 예산을 모두 합친 것과 거의 비슷하다고 합니다. 식민지 보유에 있어서도 비슷합니다. 미국은 공식적인 식민지를 거느리고 있지 않지만, 전 세계 40여 개국에 군사기지나 기지 사용권을 가지고 있으며, 132개국에 어떤 형태로든지 군사력을 배치하고 있습니다. 제국의 시작도 다르지 않습니다. 미국이 7천만 아메리카 원주민을 학살하고 세워졌던 것처럼 로마도 지중해 연안을 정복하면서 수많은 사람들을 학살했습니다. 특히 줄리어스 시저는 골Gaul 또는 갈리아Gallia족으로 불리는 100만 명의 사람들을 학살했습니다. 그리고

'돌 위에 돌 하나라도 남김 없이 무너지리라'라는 예수의 예언에도 나오는 예루살렘 정복 전쟁에서 로마 장군 티투스Titus는 수십만의 유대인들을 학살했습니다.

비슷한 점은 그뿐이 아닙니다. 로마가 자신의 힘을 과시하기 위해 콜로세움에서 검투사 경기를 적극적으로 활용했듯이, 미국은 군사 작전과 전쟁을 TV로 중계 방송하고 있습니다. 로마제국은 패권 장악 이후 천 년간이나 감히 따를 자가 없을 정도로 놀라운 도로 시설을 갖추고 있었으며, 상업적으로도 교통의 이점을 최대한 이용해 막대한 부를 챙겼습니다. 미국의 경우엔 이러한 전통적 도로 기반은 물론이고, 더 나아가 정보 통신 고속도로까지 지배하고 있지요. 그러나 뭐니 뭐니 해도 로마의 가장 위대한 정복은 피정복자들을 유혹하는 문화였습니다. 그중에서도 목욕, 성대한 만찬 문화, 화려한 패션 등을 통해 정신적인 노예화를 추구했습니다. 미국 역시 스타벅스, 코카콜라, 맥도널드, 할리우드 영화 등을 통해 한편으로는 부를 얻고, 다른 한편으로는 세계가 미국의 상업적 문화에 중독되도록 하고 있습니다. 교육의 중심이었던 로마에서 공부를 한 속국의 엘리트들이 고국으로 돌아가 친로마 정권의 우두머리가 되었 듯이, 현재 미국의 일류대학들은 전 세계에서 온 인재들로 넘쳐 납니다.

이 TV 프로그램은 심지어 로마 시대에 9.11 테러와 유사한 사건마저 있었다고 전합니다. 기원전 80년, 그리스의 왕 미스리다테스Mithridates는 추종자들에게 특별한 날을 정해서 그리스 내에 있는 모든 로마 시민들을 살해하도록 지시했습니다. 이로 인해 8만 명의 로마인들이 목숨을 잃었다고 합니다. 당시 로마인들은 큰 충격을 받았고, 9.11 테러 이후 미국 언론들이 앞 다투어 표현했던 것과 너무나도 비슷하게도 '왜 우리가 이렇게 미움을 받고 있는가?'라는 질문을 퍼부었다고 합니다. 정말 놀랍도록 비슷하지 않습니까? 이 외에도 로마나 미국 모두 다인종 국가라는 점, 제국의 침몰에 대해 엄청난 불안 심리를 늘 가지고 있기 때문에 힘으로 패권을 과도하게 확산하려는 경향마저도 비슷하지요. 또한 미국과 로마는 모두 자신들은 우월하고, 정복의 대상자들은 미개하므로 교화와 개종의 대상이라고 보는 공통점이 있습니다.

그러나 동시에 차이점도 적지 않습니다. 먼저 미국은 국익과 안보를 위한 대외정책에 몰두하는 반면, 로마는 전성기 200년 동안 팽창을 위한 대외정책보다 이미 속국이 된 지역을 내부 통합하는 데 힘을 썼습니다. 또한 로마는 미국과 달리 패권 확장을 위한 장기적 전략 패러다임 같은 것이 없었습니다. 로마인들이 자신들의 제국과 전 세계를 동일시하긴 했어도 일관된 패권주의 대외전략은 전혀 없었다고 사학자들은 말합니다. 로마가 일정 기간 정복을 통해 팽창을 한 것은 사실이지만, 제국이 어느 정도 자리를 잡은 이후에는 안정을 유지하려는 성향이 더 강했다는 부분은 현재 미국의 끝 모르는 팽창 욕구와는 크게 비교됩니다.

역사 속 제국 가운데 미국과 로마를 가장 비슷한 패권으로 비교하는 것은 분명 흥미롭지만, 냉정하게 판단했을 때 과연 로마의 힘이 오늘날 미국의 지배력에 견줄 수 있기나 한지 의문이 듭니다. 규모에 있어서도 미국이 훨씬 더 세계적인 패권인 것은 물론이고, 당연한 말이겠지만 로마의 지배 양식은 미국처럼 치밀하지 못했습니다. 미국 패권은 세련된 제도를 통해 유지되고 있는 반면에, 로마는 황제와 일부 측근의 자의적 결정에 전적으로 의존하는 가신 구조를 통해 권력을 유지했습니다. 이 때문에 로마의 황제들은 끊임없이 식민지 지역들을 여행하며 시찰해야 했지요. 기술 발전 차이가 큰 이유겠지만, 미국의 패권이 밀도 있게 짜여진 고도의 패권 네트워크라면, 로마는 매우 단순하고 느슨하게 유지되었다고 할 수 있을 것입니다.

'고귀한' 목적의 전쟁은 존재하는가?

미국을 로마나 역사상 패권을 떨친 과거의 패권 제국들과 비교할 경우 곤란한 점도 있습니다. 미국이 지금 패권을 떨치고 있는 국가라는 점에서 정당한 평가를 받기에 유리한 점과 불리한 점이 모두 있기 때문입니다. 너무 가까이 있어서 객관적으로 평가하기에는 그 힘이 너무 크게, 혹은 더욱 부당하게 보일 수도 있습니다. 기독교도들을 탄압하고 노예나 야만인들을 학대하며 영화 〈글래디에이터Gladiator, 2000〉에서처럼 살인 게임을 즐기는 로마제국의 황제나 장군들이 과거 인물이라는 이유만으로 전쟁 영웅처럼 묘사되고, 미국은 현존하기 때문에 일방적이고 오만하다고 매도되는 면도 없지 않을 것입니다. 부시가 로마의 황제들처럼 전쟁이나 피의 싸움이 유일한 수단인 시대에 태어났더라면 과연 지금처럼 비난을 받았을까 하는 생각도 해볼 수 있습니다. 로마와 달리 노예제도도 폐지하고, 흑백갈등이나 남녀차별도 이 정도나마 바로잡은 것을 보면 그래도 미국은 비교적 선한 패권이라고 반발할 수도 있을 겁니다.

미국이 다른 나라에 비해 합리적이고, 공정하며, 자유로운 국가라는 평가가 틀린 말은 아닙니다. 그러나 문제는 자신의 잣대로 판단한 것이 무조건 옳으며, 주권국가 체제인 국제사회에서 스스로의 판단만을 믿고 다른 국가에 강제로 개입하는 오만과 독선입니다. 그들은 때로 전쟁이라는 극단적인 폭력을 사용하는 것조차도 미국이 하기 때문에 정당하다고 주장합니다. 아무리 고귀한 목적이 있다 해도 전쟁으로 평화를 얻고 폭력으로 인권을 산다는 것은 앞뒤가 맞지 않는데 말입니다. 더욱이 로마 시대와는 달리 이제는 무력 외에 자신의 이익을 추구하거나 의도를 전할 방법들이 상대적으로 많다는 점도 감안해야 할 것입니다.

미국은 자기가 만든 함정에 빠져 버렸습니다. 스스로 세운 고상한 원칙과 이상을 끊임없이 확대 생산하고 있지만, 현실에서는 반대의 행동을 하고 있기 때문에 욕을 두 배로 먹고 있는 것입니다. 베트남전에서부터 최근의 아프가니스탄 침공과 이라크전쟁까지 미국은 단 한 번도 자신들의 침략 사실을 제대로 인정한 적이 없었습니다. 중남미는 물론이고, 아시아, 유럽에까지 군사 행동을 하거나 개입한 사례는 얼마든지 있습니다. 그것도 대부분 자기보다 훨씬 힘이 약한 상대였습니다. 전쟁 외에도 자신의 이익을 위해서라면 공작 정치나 암살 같은 비열한 방법까지 동원했음은 널리 알려진 사실입니다. 그런데 미국만 모르고, 미국만 아니라고 부정하고 있습니다.

세계의 어떤 국민들도 때로는 국수주의적이고 또 자주 애국적이 됩니다. 그러나 미국의 패권은 이런 평균적 민족주의 성향보다 훨씬 더 심하게, 그리고 일방적으로 행사됩니다. 미국은 다른 국가와 마찬가지로 하나의 민족 국가이지만, 동시에 여러 가지 면에서 민족 국가의 차원을 넘어서는 국가입니다. 무력의 절대 우위만이 아니라, 미국 스스로 이념과 행태가 일반 국가의 차원을 넘는다고 스스로 믿어 왔습니다. 미국의 정체성 속에는 양면의 모습을 다 품고 있다는 말이지요. 탄생부터 스스로 글로벌 리더십을 발휘하도록 운명 지어졌다는 미국의 이념은 영토, 그리고 심지어 인종까지도 초월합니다. 미국은 곧 세계라는 생각에 사로잡혀 있기에 자신의 경계선에 머무르지 않는, 매우 '위험한 국가'가 되는 것입니다.

미국이 침몰한다면?

영원한 것은 없다

3부의 핵심을 한마디로 표현한다면 이렇습니다. 9.11 테러는 미국의 운명을 결정지은 전환점이며, 그 이유는 미국이 9.11 테러를 계기로 패권의 '과잉확장overstretch'에 몰입했기 때문입니다. 절정, 또는 클라이맥스와 비슷한 뜻으로 문학이나 연극에서 사용하는 데누망dénouement이라는 단어가 있습니다. 대단원이라고 번역할 수 있는 이 말은 절정과 함께 결말을 향해가는 과정을 포함합니다. 그렇다면 미국 패권의 절정기는 곧 종말을 향한 내리막길일 수도 있다는 뜻으로 사용할 수 있지 않을까요?

패권의 흥망성쇠를 연구하는 대부분의 학자가 동의하는 것은 쇠퇴의 필연성입니다. 패권이 성장할 때는 패권 지위가 주는 이익이 유지 비용보다 커서 패권을 확장하는 것이 득이 되지만, 어느 시점부터 패권 유지 비용이 이득을 넘어서는, 그야말로 '꺾이는' 지점이 오고야 만다는 것입니다. 과거의 역사적 경험이 한결같이 보여주듯이 패권의 과도한 확장은 결국 패권을 갉아먹게 되고, 이는 붕괴로 이어집니다. 과연 미국도 같은 운명을 따라갈 것인지 미국 패권의 미래를 전망해 보기로 하지요.

미국의 쇠퇴 또는 침몰에 대한 전망은 과거에도 있었습니다. 특히 1970년대 세계적인 경제 불황, 베트남전쟁, 그리고 아랍-이스라엘 분쟁으로 말미암은 오일쇼크 등으로 하늘 모르게 치솟던 미국의 위세가 꺾이자, 미국도 과거에 사라져 갔던 제국의 길을 걷는 것이 아닌가 하는 주장들이 대세를 이루었습니다. 그런데 미국이 1990년대에 보란 듯이 더 강한 패권으로 거듭나자, 오히려 미국의 특별함이 두드러졌습니다. 당시 상황을 가장 잘 설명해 주는 말이 미국이 가진 소프트 파워의 탁월함이었지요. 미국은 과거의 제국들과 달리 군사력에만 의지하는 패권이 아니므로 쉽게 붕괴할 수 없는 제국이라는 설명이었습니다. 그런데 이 역시 9.11 테러 이후에는 변했습니다. 이제는 무분별한 하드 파워의 사용으로 소프트 파워의 손상마저 깊어지고 있습니다.

미국이 과거와는 확연히 다르게 겪고 있는, 또는 앞으로 겪을 위기의 원인을 크게 세 가지 정도로 나누어 볼 수 있을 것 같습니다. 일방적 군사주의, 금융 주도 경제의 불안정성, 그리고 근본주의에 입각한 대외정책 성향이 그것입니다.

패권 위기의 첫 번째 원인, 군사주의

과도한 군사주의는 앞에서 지적한 바 있습니다. 베트남전에서 보인 미국의 군사주의는 그래도 회복이 가능했습니다. 소련이라는 위협이 건재했고, 미국 스스로가 실수를 인식하고 철수했기 때문입니다. 약점이 없지는 않았지만 미국이 그래도 자유 세계의 수호자라는 점을 세계가 인정하는 분위기였지요. 그러나 이라크전쟁 이후에는 전혀 다른 양상을 보입니다. 과거에도 미국이 착한 경찰의 행동만을 한 것은 아니었지만 나름대

법이 없어도 살 나라

미국이 거부한 국제 협정은 전방위적이다. 지난 2005년에 열린 핵확산금지조약 평가 회의에서 핵보유국으로서의 의무를 저버림으로써 조약 자체를 극히 약화시킨 바 있다. 세계에서 가장 많은 핵무기를 보유하고 있으면서도 감축을 꺼리고, 핵 실험 계획을 국회 예산으로 잡아 놓은 것이다. 국제적인 범죄 행위를 재판할 수 있는 상설국제형사법원ICC 설립을 위한 국제 조약을 거부하여 국제법에 구속받지 않겠다는 의지를 내비친 적도 있다. 또한 선진국 제약회사들이 개발한 에이즈 치료제를 특허료 없이 생산하는 것을 허용하는 국제 협정을 거부하기도 했다. 이는 미국 제약 회사들의 막강한 로비에 의한 거부였다.

로 착하게 보이려는 노력을 했는데 더 이상 이런 노력조차 찾아볼 수가 없어졌기 때문입니다.

부시 행정부는 2001년 취임하면서부터, 21세기에도 확실하게 미국의 시대로 만들겠다며 '거침없이 하이 킥'을 날렸습니다. 정권 출범 7개월 만에 일어난 9.11 테러는 이런 부시의 계획에 확실한 추진력을 제공해 주었지요. 강경 일변도의 공격적 패권주의를 내세우며 부시는 세계 전체를 직접 관리하고자 했습니다. 미국은 이제 자신 외에는 어느 누구도 믿지 않게 된 것입니다. 당연히 국제협력의 움직임은 완전히 무시되었습니다. 유엔은 말할 것도 없고, 지구온난화를 막기 위한 교토협약과 지뢰금지조약, 생물학 및 독극물 무기 금지조약 같은 국제협정들을 미국은 모두 거부했습니다.

부시 정권은 9.11 테러 이후 직면했던 대외환경의 불확실성을 아프가니스탄 침공과 이라크 침공을 통해 극복하고자 했고, 이런 전략이 초기에는 어느 정도 효과를 거두었다고도 볼 수 있습니다. 그러나 제국의 전성기를 유지하기 위해 벌인 이 전쟁들이 거꾸로 제국의 퇴락을 재촉했다는 지적이 많습니다. 단기적으로는 미국의 무력이 미래에 어느 정도 확실성을 부여했지만, 시간이 갈수록 국제질서를 더 불안정하게 만들고 미국의 발목을 잡기 시작했습니다. 사실 테러리즘에 대한 부시 행정부의 대응 방식은 처음부터 서로 다른 목표물을 넘나드는 엇박자를 보였습니다. 9.11 테러 참사의 비극을 겪은 미국에게 동정과 협력을 보냈던 세계인들이 국제협력을 무시한 미국의 일방주의와 전쟁에서 빚어진 수많은 민간인들의 희생을 보면서 더 이상 미국을 지지하지 않게 된 것입니다. 역시 힘만으로 세계를 지배할 수는 없는 법입니다.

정치학자인 탤컷 파슨스Talcott Parsons는 순전히 물리적인 힘에 의지하는 권위는 합의에 의한 권위와는 달리 필연적으로 '수축적'이라고 말했습니다. 휘두르면 휘두를수록 그 힘은 급격하게 줄어든다는 것입니다. 부모가 자식을, 선생이 학생들을 훈계할 때처럼 말입니다. 매질은 처음 경고할 때 가장 강한 효과를 보이다가, 한번 때리고 나면 그때부터 효과는 감소합니다. 미국이 9.11 테러 이후 아프가니스탄과 이라크에 휘두르는 힘도 합의에 의한 권위와 거리가 멀어지면서 효과를 보지 못하고 있습니다.

더 큰 문제는 미국의 군사주의가 화려한 규모나 겉모습만큼 실제로 그리 가공할 만하지 않다는 평가가 나오기 시작했다는 것입니다. 걸프전 당시 마치 전자 오락하듯이 정밀유도무기들이 목표물을 정확하게 격파하는 기술에 세계가 놀랐지만(이것들은 몇 가지 선택된 영상에 불과하다는 주장도 있습니다만), 9.11 테러 이후 아프가니스탄 침공과 이라크 침공에서는 오히려 보병이 약한 미국의 전쟁 방식이 허점을 드러냈다는 주장이 힘을 얻고 있습니다. 3억 인구의 나라가 1~2만에 불과한 이라크 반란군과 싸우기 위해 약 13만 명의 병력을 투입하고도 5년 넘게 전쟁을 하고 있다는 것은, 미군의 명성이 허상일 수도 있다는 의문이 들게 합니다.

미국의 정치학자 찰머스 존슨Chalmers Johnson은 블로우 백Blow Back의 가능성도 언급했습니다. 블로우 백이란 로켓포가 발사되면서 추진 연료로 인해 뒤로 화염을 뿜는 것을 가리키는데, 적에게 발사한 미사일의 화염 바람으로 도리어 아군이 피해를 입는 경우를 일컫는 군사 용어이기도 합니다. 미국 대외정책의 일방적이고 근시안적 성향이 지금까지 겪지 않아도 되었을 수많은 블로우 백 현상을 낳았다고 비유되곤 하지요. 대표적 예를 들자면, 중남미의 공산화를 막는답시고 CIA가 키운 독재자들이 후에 권력을 차지한 후 미국에 반기를 든 사례가 있습니다. 마찬가지로 9.11 테러의 주역인 빈 라덴과 탈레반 역시 미국이 1970년대 말 소련을 견제하기 위해 키운 세력들입니다. 9.11 테러 이후 미국이 평화라는 이름으로 닥치는 대로 힘을 휘두르고 있는데, 이 정책이 초래하게 될 블로우 백이 뭔가 가공할 위력으로 돌아올 것 같지 않습니까?

두 번째 패권 위기, 경제

미국이 위기를 맞고 있는 두 번째 영역은 경제입니다. 우선 첫 번째 원인이었던 군사주의를 통한 패권의 과잉 팽창이 경제에 지우는 부담이 막대합니다. 클린턴 행정부가 갖은 노력으로 복구했던 균형 예산을 부시 행정부는 다시 적자 예산으로 돌려 세웠습니다. 특히 이라크 전쟁이 장기화되면서 국방비의 추가 지출은 늘어나고 재정 적자가 확대되었습니다. 2002년 1,580억 달러로 늘어난 재정 적자는 2003년 3,740억 달러, 2004년에는 4,130억 달러까지 증가되었습니다. 2007년의 재정 적자는 4,270억 달러였으며, 경상수지 적자는 더 심각해서 전체 국민 소득의 5퍼센트가 넘는 6,177억 달러에 달합니다. 게다가 최근에는 미국 주택시장이 붕괴하면서 가계대출이 부실해지고 있고, 대형 투자은행들마저 휘청거리고 있습니다. 물론 이러한 경제 위기가 처음은 아닙니다. 특히 1970년대에도 전쟁의 후유증과 세계 경제 불황의 여파로 어려움을 겪었지만 미국은 더욱 강한 패권으로 올라설 수 있었지요. 그러나 상황이 그때와는 딴판이라는 것이 문제입니다. 과거에는 실물 경제의 위기였다면, 현재의 위기는 금융 경제의 위기입니다. 과거와 비교해 그 파괴력이 훨씬 더 강하며, 동시에 대책이 딱히 없습니다. 금융 중심의 경제 구조가 실물 경제 구조보다 이익이 큰 만큼 위험도 큽니다. 쉽게 말하면 돈놀이로 이익을 남기는 경제와 물건을 생산해서 이익을 남기는 차이입니다.

산업 구조는 농수산업이나 임업으로 구성되는 1차 산업, 제조업의 2차 산업, 그리고 서비스 산업이라고 일컫는 3차 산업으로 나뉘며, 후진국에서 선진국으로 갈수록 그 중심이 3차 산업으로 옮겨간다는 것을 다 아실 것입니다. 1차 산업일수록 이익은 적으나 산업의 성격상 비교적 안정적입니다. 반대로 3차 산업으로 갈수록 이익(또는 이익의 가능성)은 큰 만큼 손해를 볼 위험 역시 높아집니다. 특히 3차 산업 내에서도 부동산, 보험, 은행 등 금융산업은 가장 큰 이익을 남길 수 있지만, 동시에 가장 큰 위험을 가지고 있습니다. 그래서 이익과 위험성이 지나치게 높아지면 이를 투자가 아니라 투기라 부르지요. 주식이나 부동산에 투자해서 수억, 수십억을 한꺼번에 벌었다는 이야기를 듣는 것이 그 때문입니다. 물론 엄청난 손해를 한꺼번에 볼 수도 있습니다. 시쳇말로 '대박' 아니면 '쪽박'의 경제이지요.

오늘날 선진국일수록 위험도가 높은 금융이 주도하는 산업 구조를 가지고 있습니다. 21세기 초 미국 산업에서 금융 이익이 전체 기업 이윤의 절반을 차지했다는 것만 봐도 알 수 있습니다. 미국은 군사 및 경제적 패권을 기반으로 자신에게 유리한 금융의 규칙을 만들 수 있기에 웬만한 위험은 최소화하고, 이익은 극대화할 수 있기는 합니다. 위험이 발생하면 이자율을 조정한다든지 채권을 발행하여 손해를 다른 국가에게 전가할 수도 있습니다. 게다가 미국의 달러가 세계 통화이기 때문에 필요하다면 돈을 찍어낼 수 있는 발권력까지 가지고 있습니다. 미국이 그렇게 적자를 기록하면서도 꿈쩍도 않는 것은 바로 이 때문입니다. 그래서 국제 금융 시장이 불안하면 할수록, 설사 그 불안의 원인이 미국에 있다 하더라도 미국에 투자하는 것이 상대적으로 안전한, 정말로 기묘한 상황이 되는 것입니다. 돈을 빌린 쪽은 미국인데도, 미국이 돈을 갚지 못하면 이를 받기 위해서 다른 국가들이 마지못해 미국의 요구를 수용할 수밖에 없어집니다. 빚을 진 자가 더 당당해지는, 어떻게 생각하면 어이없는 시스템이지요. 물론 원한다고 아무나 미국처럼 할 수는 없습니다. 룰을 정하고 바꿀 수도 있는 패권이기에 가능한 것입니다. 우리나라를 비롯한 아시아 국가들에게는 1990년대 말 금융 위기가 왔지만, 배짱을 부리기는커녕 IMF의 구제 금융을 받았고, 그 대가로 엄청난 손실을 감내해야 했습니다.

여기서 또 다른 의문이 생깁니다. 이러한 능력을 보유한 미국이라면 어떤 금융 위기 상황도 걱정할 것이 없지 않나요? 일부에서는 그래서 미국이 금융 위기를 수습하고 다시 주도적인 역할을 회복할 것이라고 주장합니다. 그러나 제아무리 패권이라 하더라도 감당할 수 있는 수준을 이미 넘어섰다는 주장도 있습니다. 더욱이 2001년 이후 미국이 패권 유지를 위해 지나친 무리수를 두었고, 이 때문에 너무 급속도로 경제가 악화되었다는 것이 문제입니다. 미국 경제에 대한 신뢰가 무너지면서 미 재무성의 채권이나 달러, 그리고 증권의 가치 하락이 지속될 것이고, 단기적으로는 미국에게 빚을 받기 위해 미국으로 들어오는 자본들이 장기적으로는 유럽이나 제3의 시장으로 물밀듯이 빠져나갈 수도 있다는 것이 비관론의 근거입니다. 마치 우리나라가 1990년대 말에 그랬던 것처럼 말입니다.

노벨 경제학상을 받았던 프랑스의 경제학자 모리스 알레^{Maurice Allais}는 현대 경제가 도박과 같다하여 '카지노 자본주의^{casino capitalism}'라고 불렀습니다. 그런데 이런 경제 구조에서는 한 나라만 망하고 마는 것이 아닙니다. 금융망이 전 세계로 거미줄처럼 연결되어 있기 때문에 모든 국가가 영향을 받지요. 과거 미국은 공산주의의 오염을 도미노 게임에 비유했는데, 이제는 미국에 의해 금융 산업 붕괴의 도미노 가능성이 매우 크다는 것은 참 묘한 역사의 아이러니입니다.

미국이 주도하는 세계화는 성장의 과실을 공유하지 않으며 가진 계층, 부유한 국가들에게만 유리한 시장만능주의라는 것은 익히 알려진 사실입니다. 이제 제3세계라는 말도 부족해서 제4세계라고까지 부르는 극도의 빈곤 국가들이 늘어 가고 있습니다. 세계은행의 통계에 따르면 전 세계 12억의 인구가 하루 1달러 미만의 소득을 가진 절대 빈곤층이고, 세계 10억의 인구가 슬럼 지역에서 살고 있다고 합니다. 이러한 현실은 무엇을 말해 줄까요? 국내적으로도 소득 재분배 시도는 나날이 힘을 잃어가고 있으며, 사회적 양극화가 깊어지면서 미국이 지배하는 세계의 변방이 와해

되고 있습니다. 이는 세계 정세를 불안하게 할 잠재적 요소들입니다.

세 번째 패권 위기, 위험한 대외정책

미국의 위기를 말하면서 마지막으로 제기하고 싶은 부분은 미국 패권이 가진 위험한 근본주의 성향입니다. 국제정치에 있어 근본주의라고 하면 과격한 이슬람 테러리스트를 가장 먼저 떠올리게 됩니다. 특히 9.11 테러 이후 이들은 인류 평화를 파괴하는 공적으로 간주되어 왔습니다. 인도의 힌두교나 이스라엘의 정통 유대교도 근본주의 성격을 드러낼 때가 많고, 이를 바탕으로 정치적 세력화를 이루기도 합니다. 그러나 미국의 대외정책이나 국민 여론 역시 기독교 근본주의 성향을 매우 강하게 띠어 왔습니다. 이 때문에 사무엘 헌팅턴Samuel Huntington이라는 학자는 『문명의 충돌』에서 인류의 평화를 파괴할 수 있는 종교적 근본주의의 위험을 지적했던 것이지요.

근본주의 현상이 국제정치에서 대두된 것은 1970년대입니다. 세계 경제가 극심한 불황에 빠지자, 선진국들도 어려웠지만 제3세계의 피해는 더욱 심각했습니다. 제3세계에서 극도의 빈곤과 정치 불안의 위기 상황에 대해 종교적 반작용이 일어났던 것이지요. 반反서구를 기치로 자기 정체성 회복을 외치게 된 것입니다. 아랍이나 이스라엘처럼 원래 근본주의 성향이 강한 국가들은 배타적이면서도, 기존 권위에 대한 저항으로 나아갔습니다. 또 다른 제3세계 국가들은 경제적 불평등을 개선해야 한다는 일종의 정의적 차원에서 접근했습니다. 미국도 예외는 아니어서 경제난과 베트남전의 패배로 인해 근본주의의 움직임이 있었습니다만, 대체로 정치적이라기보다는 도덕 재무장 운동으로 나타났습니다.

©Dennis J. Henry Jr.

문명의 충돌, 혹은 이익의 충돌

사무엘 헌팅턴은 그의 저서에서 문명 간 충돌로 인한 위험에서 벗어나기 위해 전 세계가 문명의 공통점을 찾고, 다양성을 받아들여야 한다고 주장했다. 매우 통찰력 있는 견해이지만 몇 가지 한계를 갖는다. 그는 대립과 갈등을 주로 종교적 가치에 의한 것으로 봤으나 현재 지구 곳곳에서 일어나는 분쟁들은 명확한 경제적 이익, 국가 간 힘의 경쟁에 관련되어 있다. 이는 문제의 핵을 외면하고 지나치게 초월적인 시선으로 바라보는 것이 아닌지. 그의 이론은 상당히 문화우월론적인 입장에서 서구 세계에 이슬람의 위험성을 경고하는 편파성이 있다.

근본주의가 국제정치의 본무대로 재등장한 것은 탈냉전 이후입니다. 냉전 기간에는 사실 종교적 근본주의가 비집고 들어갈 틈이 별로 없었지만, 탈냉전이 되자 인종, 민족, 또는 종교 분쟁이 빈번해지면서 근본주의가 심화되었던 것입니다. 그러던 차에 일어난 9.11 테러는 이를 극단적으로 몰고 가는 기폭제가 되었지요. 이슬람 근본주의가 일으킨 사건이라는 사실에 대해 부시 대통령은 이들과 일전을 불사하겠다는 각오를 밝힙니다. 부시는 즉각 테러와의 전쟁을 선포하고 모든 국가들은 어느 편에 설지 선택해야 하며, 이 전쟁에서 중립은 없다는 점을 분명히 했습니다. 종교적 근본주의의 흑백대결론이 전면에 등장하는 순간이었습니다.

전쟁을 부르는 부시의 말

"··· 우리는 평화적인 국가다. 그러나 너무 갑작스럽고도 비극적으로 배웠듯이 돌연한 테러의 세계에서는 평화가 있을 수 없다. 오늘날 새로운 위험을 맞아 평화를 추구하는 유일한 길은 그것을 위협하는 자들을 추적하는 것이다. 우리는 이 임무를 자청하지 않았으나 완수할 것이다. ···우리는 포기하지 않을 것이며 지치고 비틀거리거나 실패하지 않을 것이다."

—조지 W. 부시 미대통령의 아프가니스탄 공격 개시 발표 내용 중에서

오른쪽 일러스트는 부시 대통령을 비꼬는 내용이 담긴 가상 수배 전단지다.

특히 부시 행정부의 요직을 장악했던 신보수주의자들은 아프가니스탄과의 전쟁을 십자군전쟁이나, 성경에서 예언한 말세의 아마겟돈이라고 부르기까지 했습니다. 미국의 신보수주의자들은 유대인 출신이 대다수인데, 대외정책에 있어 공화당의 기독교 우파와 공동 노선을 걷게 된 것입니다. 특히 아랍 세계에 대한 그들의 인식은 종교 전쟁의 성격을 가질 수밖에 없었습니다. 럼스펠드 국방장관 밑에서 국방부 정보국 차관직을 지냈던 보이킨$^{W. Boykin}$은 이라크전을 '기독교와 사탄의 전쟁'으로까지, 그것도 공개적으로 불렀습니다.

이슬람 세계가 근본주의 성향을 가지고 있고, 그중 소수는 실제로 테러를 감행하며 이를 종교의 이름으로 정당화하는 것은 다루기 힘든 두통거리임이 확실합니다. 그러나 이에 못지않은 근본주의 성향을 가진 미국의 대응 방식도 문제입니다. 미국의 근본주의는 그 파급력에 있어서 여타 국가와는 비교가 되지 않습니다. 근본주의가 늘 빠지기 쉬운 함정은 정치를 흑백논리로만 본다는 점입니다. 김정일이나 후세인 같은 인물들은 악한 독재자이며, 국민들을 탄압하면서 권력을 유지하는 인물입니다. 그러나 실제 정치는 그렇게 간단하지 않은 법입니다. 이들을 제거하기 위

해서 '정의의 전쟁'을 할 경우 수많은 무고한 사람들이 희생될 수 있습니다. 오늘날의 전쟁은 과거와 달리 민간인 사상자 비율이 점점 커지고 있습니다. 베트남전에서 군인 대비 민간인 사상자가 반반을 기록한 뒤 계속 높아져서 지금은 민간인 사상자 비율이 전체 사상자의 90퍼센트를 넘는다고 합니다. 왜 우리가 어떤 경우에도 전쟁만은 피해야 하는지, 여기에서 그 이유가 분명해집니다.

어떤 이들은 이라크나 북한의 주민들의 더 나은 미래를 위해 오늘의 작은 희생은 감수할 수밖에 없다는 논리를 펴기도 합니다. 하지만 아무도 전쟁이 원하는 결과를 가져온다고 보장할 수 없고, 또 그 가운데 치러야 할 희생이 적을 것이라고 확신할 수 없습니다. 역사상 어떤 전쟁도 정의를, 그것도 깨끗하게 이룬 적은 없었습니다. 아프가니스탄과 이라크를 폐허로 만든 전쟁 역시 결과적으로 미국의 승리라고 볼 수 있겠지만, 그로 인해 세계가 테러로부터 안전해졌다고 믿는 사람은 많지 않을 것입니다. 오히려 부시의 강경책이 이슬람 세계에서 빈 라덴의 추종자들을 증가시킬 수 있다는 점을 간과해서는 안 될 것입니다.

1990년대 어느 시점에선가(아니면 더 이르게 1980년대 레이건 시절부터인가) 미국의 대외정책은 군사력으로 세상을 변화시킬 수 있다는 착각에 빠지기 시작했습니다. 그리고 미국의 군대는 어느 순간부터 종교화되었습니다. 포르노, 낙태, 동성연애, 마약 등에 의해 절어 버린 미국 사회에서 미국의 전통적 순수함을 지키고 있는 최후의 보루로 떠오른 것이지요. 깨끗한 성군聖君의 힘으로 세상의 악을 처벌해야 하고, 또 그럴 수 있다고 생각했습니다. 그 옛날 십자군처럼 군사주의에 메시아적 전쟁론이 겹쳐진 듯합니다. 그러나 전쟁은 마약이나 알코올 중독과도 같은 것입니다. 한 방에 모든 것을 깨끗이 정리해 버릴 수 있을 것 같지만, 역사상 전쟁으로 모든 것이 정리되고 안정을 찾았던 경우는 없습니다. 약 기운, 술 기운이 떨어지면 긴 금단 현상과 숙취의 고통이 찾아오는 법이지요. 미국은 그 중독과 고통의 과정을 반복하고 있는지도 모르겠습니다.

과거에는 미국이 희망, 낙관주의, 자유 같은 가치관을 전파했지만, 9.11 테러 이후에는 공포나 분노, 그리고 폭력을 퍼뜨림으로써 우방국들마저 등을 돌리게 만들었습니다. 지금이라도 국제사회에서 여러 국가가 합의한 규칙을 준수하고, 공동선을 추구한다면 회복은 가능할까요? 어떤 이는 가능하다고 말합니다. 그리고 부시 행정부의 무분별한 일방주의와 '막가파' 식의 군사주의에 대한 반성의 움직임들도 보이기 시작합니다. 그래서 소프트 파워를 넘어서는, 효과와 정당성 모두를 갖춘 '스마트 파워'를 모색하는 전략으로 수정하려는 움직임이 활발합니다.

그러나 또 어떤 사람들은 이미 늦었다고 말합니다. 패권의 정당성이란 확보하기는 어렵지만 잃기는 쉬운 법입니다. 더욱이 잃어버린 정당성을 되찾는 것은 거의 불가능에 가깝다고 합니다. 미국의 저명한 정치학자 임마누엘 월러스타인Immanuel Wallerstein이나 역사학자 니얼 퍼거슨Niall Ferguson도 미국 패권 시대는 종말을 피할 수 없을 것이라고 예측합니다. 그리고 그 이후에는 또 다른 패권의 등장이나, 질서 있는 다극 시대가 아니라 무정부적인 혼란의 시대가 올 것이라고 경고합니다. 그런데 말입니다, 미국의 침체는 자초한 것이라고 해도 덩달아 다른 국가들도 암흑의 시기를 맞아야 한다는 것은 어떻게 받아들여야 할까요?

참을 수 없는 어색한 공식, 아메리카=미국

다음 대화에서 어색한 부분을 찾아 보자

Joanna's going back to America.
조안나는 아메리카로 돌아갈 거예요.

Your girl's American?
네 여자 친구가 아메리칸이니?

Yes, she's American. And she's not my girl. And she's going
back to America. That's the end of my life as I know it.
네. 조안나는 내 여자 친구가 아니에요. 그리고 그 애는 아메리카
로 돌아갈 거예요. 내 인생은 끝이에요. 난 알아요.

That is bad news.
정말 안됐구나.

영화 〈러브 액츄얼리 Love Actually〉 중에서

아메리카에는 오로지 미국뿐이다?
내 머릿속 사대주의

영화의 등장인물이 말한 '아메리카'는 어디를 말하는가? 아마 대부분의 관객이 미국으로 이해했을 것이다. 그러나 아메리카는 미국이 아니다. 미국은 아메리카 대륙의 일부일 뿐이다. 미국을 아메리카라고 부르는 것은, 한국을 아시아나 유라시아라고 부르는 것과 같다. 어색하지 않은가?

가이아나, 베네수엘라, 볼리비아, 브라질, 수리남, 우루과이, 칠레, 콜롬비아, 파라과이, 페루, 과테말라, 온두라스, 엘살바도르, 니카라과, 코스타리카, 파나마, 벨리즈, 캐나다…. 아메리카 대륙에는 미국뿐 아니라 이렇게 많은 나라들이 있다. '아메리카=미국'의 등식을 받아들이는 것은 다른 아메리카 대륙 나라들에 대한 예의가 아닐 뿐더러, 미국의 오만을 인정하는 꼴이다. 왜 우리는 종종 미국의 편에서 이해하려고 하는가?

전쟁을 부르는 미국의 용어에도 문제가 있다. 아프가니스탄전쟁이나 이라크전쟁이라는 표현은 정확하지 않다. 베트남전이나 한국전처럼 당사자끼리의 다툼은 '전쟁'이라고 부를 수 있지만 아프가니스탄이나 이라크의 경우에는 명백한 미국의 침공이었다. 1979년 소련의 아프가니스탄 침략을 아프가니스탄전쟁이라고 부르는 경우는 거의 없다. 그런데 왜 우리는 자주 미국의 아프가니스탄 침공을 아프가니스탄전쟁이라고 부를까? 아프가니스탄 '전쟁'은 미국식 해석일 뿐이며, 미국이 주장하는 '정당한 전쟁'을 침공이라 부르기 싫기 때문에 사실과 다른 용어를 쓰게 된 것이다.

대체 우리의 사고는 얼마나 많이 '아메리카' 스타일로 물들어 있는가?

"세계화는 '세계의 빈곤 근절'을 위한 것일까요? 아니면, 세계화는 원격 조종되고 디지털 방식으로 작동되는 변종 식민주의일까요?"

아룬다티 로이의 정치 평론집 『9월이여 오라』 중에서

4

미국이
한국의
동맹이
아니라면?

이번에는 한국전쟁이 미국에 의해 일어난 전쟁이라는 가정을 해본다. 미국은 처음부터 한반도를 분단시켜 일본을 보호하는 완충지대로 삼고자 했으며, 한국전쟁은 이러한 계획의 하이라이트라고 가정했다. 이로써 실제로 미국이 한국전쟁을 일으킨 것은 아닐지라도, 일말의 책임이 있음을 강조하려고 한다. 한국을 식민지로부터 독립시키고 전쟁의 파멸에서 구했다는 미국의 이미지, 그것은 어느 만큼이나 사실일까? 미국은 실제로 한국에게 일방적인 도움을 준 것일까? 4부를 통해 한국은 미국의 세계 질서 구축에 상당 부분 이용되었다는 점이 전혀 사실무근은 아니라는 사실을 확인할 수 있을 것이다.

1950~1953, 전쟁의 두 얼굴

이럴 수가 있는가? 한국전쟁을 일으킨 당사자가 미국이라니…. 한국전쟁은 미국의 치밀한 계산으로 발발했다는 사실이 마침내 만천하에 드러나고 말았다. 지금까지는 김일성이 주도하고, 중국의 마오쩌둥과 소련의 스탈린이 이를 도와 1950년 6월 25일 기습 남침을 감행했다는 것이 우리가 믿고 있는 역사였다. 한국을 파멸의 벼랑에서 구해준 은인은 두말할 필요도 없이 미국이었다. 미국이 일본 제국주의를 물리침으로써 우리에게 독립을 선사했다. 그뿐 아니다. 전쟁으로 잿더미가 된 나라를 복구해 주었고, 아낌없이 원조해 준 덕분에 한국은 눈부신 경제 발전을 이룰 수 있었다. 미국 젊은 이들이 피를 흘린 대가로, 그리고 미국인들의 정의로움과 관대함으로 우리가 오늘날의 번영과 행복을 누리고 있다.

우.리.는. 지.금.까.지. 이.런. 줄.로.만. 알.았.다.

그러나 최근에 발견된 미국 정부의 비밀 문서에 따르면, 미국이 동북아에서 패권을 차지하기 위해 한국전쟁을 의도적으로 일으켰다는 것이다. 그래서였을까? 맥아더 장군이 말년에 한국전쟁처럼 이상한 전쟁이 없었으며, 뭔가 음모가 있는 것이 틀림없다는 말을 자주 했다고 한다. 전쟁이 시작되기 불과 수개월 전에 애치슨라인에서 한국을 제외한 것은 북한의 남침을 유도하기 위해서였을지도 모른다는 등 그동안 이따금 한국전쟁에 대한 음모론들이 나오기는 했었다. 그런데 이번에 드러난 사실은 그동안의 어떤 음모론들보다 더 충격적이다. 음모론이 아니었던 것이다.

162

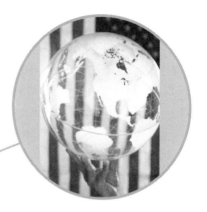

1
은혜를 모르는 한국? 「뉴욕타임스」의 보수 논객인 윌리엄 새파이어William Safire는 2002년 자신의 칼럼에서 한국의 반미 정서에 대해 이렇게 평했다. "한국이 지난 반세기 동안 누린 자유는 미군의 존재에 힘입었다. 그러나 현재 많은 한국인들은 자신들의 땅에 3만 7천 명의 미군이 주둔하고 있는 것에 대해 분노하고 있다. … 미군이 북한의 대규모 보복 공격의 인질이 되지 않는다면, 북한 핵시설을 무력화하는 데 있어 미국의 행동반경이 더 넓어질 것이다." 이에 국내의 시민단체 등에서는 미군이 양국의 필요에 의해서 주둔해 왔음을 부정하는 언행이라며 비판하기도 했다.

2
사실과 의도 사이 1950년 1월 12일, 미국의 국무장관이었던 딘 애치슨Dean Acheson이 아시아 전략에 관한 연설에서 '태평양 방어선' 중 한국을 제외시켰다. 이로 인해 남한이 소외되어 있다는 인상을 줌으로써 북한의 남침을 유도했다는 지적이 제기되었다.

「워싱턴포스트」지의 한 베테랑 기자가 수년간 추적해서 낱낱이 폭로한 내용은 다음과 같다. 미국은 제2차 세계대전 당시 늦게 참전했지만, 사실 전쟁 초기부터 연합국에 무기를 공급하고 있었다. 당연히 상당한 부를 챙길 수 있었지만, 군수산업이 너무 비대해졌다. 더욱이 전쟁이 예상보다 빨리 종결되면서 소비하지 못한 막대한 양의 무기가 남았고, 군수산업의 과잉생산 능력은 또다시 대대적인 불황을 초래할 위험이 컸다. 미국은 제1차 세계대전 이후에도 같은 문제로 인해 대공황을 겪었던 터라 어떻게든 이를 해소하고 싶었다. 골몰하던 트루먼 정부는 한국전쟁을 일으키기로 했다. 한국전쟁이 과잉생산 문제를 해결해 줄 수 있을 뿐 아니라 추가적 효과도 거둘 수 있다고 판단했던 것이다. 특히 패권의 경쟁자로 부상하고 있던 소련에게 미국의 힘을 확실히 보여줄 필요가 있으며, 새로 탄생한 또 하나의 거대한 공산주의 국가인 중국에 대한 경고 효과도 있다고 생각했다.

미국은 처음부터 한반도를 분단시켜 일본을 보호하는 완충지대로 삼고자 했는데, 한국전쟁은 그 계획의 하이라이트라고 할 수 있다. 트루먼 대통령은 평소에 북진통일론을 주장하던 이승만과 비밀리에 회담을 가진 다음 38선 이북인 해주를 기습 공격함으로써 한국전쟁을 일으켰다. 전쟁은 일으켰지만, 한반도를 통일할 생각은 없었다. 그래서 압록강까지 밀고 올라가 한반도를 통일할 수 있는 절호의 기회를 맞았지만 거기까지였다. 그 순간 오히려 중국의 개입을 유도했으며, 계획이 실현되자 곧바로 쉽게 후퇴해 버렸다. 그리고 처음에 그었던 38도선과 비슷하게 전황이 되자 서둘러 정전협정을 체결해 버렸다. 정전협정 체결의 당사자인 한국 정부는 배제한 채 말이다.

폭로 기사의 파장은 예상대로 극심했다. 한국 내에서는 미국과의 관계를 당장 단절하라는 여론이 빗발쳤다. 반면에 미국의 행위는 괘씸하지만, 이를 감정적으로 처리할 수만은 없다는 신중론도 등장하면서 국내 여론은 갈라졌다. 60년간 미국에 모든 것을 의존해 왔던 나라가 갑자기 미국을 벗어나 산다는 것은 결코 쉬운 선택이 아니었다. 과연 한국은 반세기 동안 이어져 오던 미국과의 동맹을 단절할 것인가? 그렇다면 우리의 다음 선택은 중국일까, 러시아일까? 아니면 아무도 선택하지 않을 것인가?

1
실제 순서는 이랬다 당시 대통령이었던 이승만은 일관적으로 공산주의를 반대했고 북진통일을 외쳤으나, 실제로 북한이 남침했을 때 맞설 힘은 없었다. 북한이 총공격을 시작하자 이승만은 곧 미국에 원조를 요청하였고, 미국은 즉시 남한에 군대를 파견했다. 사진은 맥아더 장군과 이승만 초대 대통령.

2
중국은 왜? 중국은 사회주의의 맹주였던 소련의 신임이 필요했다. 경제 발전과 군사 경쟁력 증대라는 과제가 있었기 때문이다. 또한 민주주의 진영과의 전략적 완충지대로서 북한을 다시 보게 된 계기도 있었다. 그리하여 전쟁이 끝난 후에 북한에 대한 영향력을 갖기 위해 1950년 10월부터 한국전쟁에 직접 개입하기 시작했다.

한국과 미국, 그 악연의 끈: 미국의 7가지 배신

한국과 미국은 첫 만남부터 그리 유쾌하지만은 않았습니다. 영국으로부터 독립을 쟁취한 후부터 고립주의를 고집하며 조용히 힘을 키우던 미국은 19세기가 저물어 가는 시점부터 서구 제국주의 경쟁에 뒤늦게 뛰어들었습니다. 지역적으로는 아시아를 염두에 두고 주로 통상외교에 집중했습니다. 그러다가 1871년에 조선으로 군함을 몰고 와서 강제로 통상조약을 맺으려고 했습니다. 이것이 유명한 신미양요이며, 미국 함포외교의 대표적 사건이지요.

무력 충돌 끝에 뜻을 이루지 못하고 돌아간 미국은 그로부터 11년 후인 1882년에 조선과 보다 자발적이고 평등한 조약을 맺습니다. 그것이 바로 조미수호통상조약입니다. 조선과 일본 사이에 수호통상관계가 성립되어 개항을 하자, 미국도 조선과의 수교를 서둘렀지만 처음에는 일본의 방해로 실패하고 말았습니다. 그러다가 러시아와 일본을 견제하고자 애쓰던 청나라의 중재로 마침내 수교에 이르게 된 것입니다. 조미수호통상조약의 핵심은 조선이 제3국으로부터 부당한 침략을 받을 경우 조약에 의거하여, 미국이 즉각 개입해 조선의 안전을 보장한다는 것입니다. 지금으로 말하면 거의 동맹에 가까운 조약이라고 할 수 있습니다.

그러나 조미수호통상조약의 원칙을 정면으로 위배하는 가쓰라-태프트 Kasura-Taft 비밀 조약의 체결로 한국에 대한 미국의 배신이 시작됩니다. 일본의 총리 가쓰라와 미국의 육군 장관 태프트가 1905년에 맺은 이 밀약의 조건은 미국이 필리핀을 장악하는 것을 일본이 묵인하는 대신, 미국은 한반도를 독점하려는 일본을 눈감아 주는 것이었습니다. 즉 미국과 일본이 필리핀과 한반도를 각각 식민지로 삼는 데 있어 상호 협력하기로 한 것입니다. 이 약정을 계기로 대한제국은 망하고 일제 강점기가 닥치게 되었습니다. 이를 보면 한국은 중국이나 동남아시아에 비해 미국에게 별로 중요하지 않았던 모양입니다. 그래서 한국은 원래부터 일본의 세력권 아래 있는 것으로 단정하고 이 조약으로 일본의 기득권을 공식화해 준 것입니다. 그러나 미국은 일본과 맺은 이 밀약을 곧 후회하게 됩니다. 한반도의 전략적인 중요성을 전혀 이해하지 못했던 탓에, 아시아의 교두보를 일본에게 넘겨줌으로써 후에 태평양 전쟁을 초래했다는 것을 자각하게 된 거지요. 게다가 조선을 포기하면서 가지고자 했던 필리핀에 대해서도 영향력은 확보했지만, 식민지로 만들지는 못합니다. 미국의 판단 착오였든, 고의였든 간에 한국은 미국이 입은 손해와는 비교할 수 없을 정도의 비극을 겪게 됩니다. 물론 이 조약이 우리가 일본 식민지가 된 유일한 이유는 아니었지만 말입니다.

미국의 두 번째 배신은 윌슨의 민족자결주의 선언과 관련이 있습니다. 민족자결주의는 제1차 세계대전이 종식되고, 승전국들이 전후 질서를 논의하는 베르사유 평화회담에서 미국의 윌슨 대통령이 주창한 것입니다. 내용을 간단하게 소개하자면 인간이 개인으로서의 기본권을 가지듯이 인간 공동체인 민족 역시 자결권自決權이라는 기본권을 가진다는 원칙입니다. 따라서 모든 민족은 정치적 운명을 스스로 결정하고, 다른 민족의 간섭을 받지 않는다는 원칙을 내세울 수 있는 것입니다. 이 원칙은 당시 많은 식민지 국가들의 민족주의 사상을 자극하여 독립에 대한 열망을 가지게 만들었습니다. 그러나 제국주의의 중심에 있던 영국과 프랑스가 식민지의 동요를 우려하여 이 원칙에 대한 반대를 분명히 하자, 윌슨은 금세 꼬리를 내려 버렸습니다. 민족자결주의의 적용 범위를 오스트리아-헝가리 제국 및 터키, 그리고 독일제국에 속했던 식민지에만 국한한다는 방침을 정해 버린 것이지요. 제1차 세계대전이 제국주의 간의 갈등이었는데도 패전국에게만 모든 책임을 전가해서 그들의 식민지만 포기시키고, 승전국들은 식민지를 유지했던 것입니다. 당연히 승전국 일본의 식민지였던 우리나라가 고려될 여지는 전혀 없었습니다. 그런데도 우리 민족은 윌슨의 선언에 자극받아 3.1 운동의 불길을 당겼습니다. 파리의 베르사유까지 들리도록 온 국민이 목숨을 걸고 독립의 소망을 외쳤으나 소용없었습니다. 미국이 주도한 질서 아래에서 한국은 전혀 고려 대상이 아니었으니까요.

세 번째 배신은 그로부터 수십 년이 흐른 후에 일어났습니다. 아마도 미국이 한국에게 저지른 배신 중에 가장 큰 배신이 될 터인데, 바로 분단에 대한 책임입니다. 앞에서 제시한 가상 시나리오처럼 미국이 한국에서 분단을 처음부터 치밀하게 계획했다거나, 패권 확장을 위해 의도적으로 일으킨 것은 아니더라도 한국 분단에 대한 책임에서 결코 자유롭지는 않습니다. 침략 전쟁을 일으킨 국가들을 굴복시키고 제국주의 질서를 종식했

왜 일본이 아니라 한반도가 분단되었나?

독일은 연합군이 서쪽을, 소련군이 동쪽을 점령함으로써 동서로 분단되었다. 한반도 역시 상황은 비슷했다. 제2차 세계대전의 결말이 보이기 시작하자, 한반도는 소련과 미국에게 매우 중요한 의미를 갖게 되었다. 소련에게는 태평양으로 진출하는 교두보로서, 미국에게는 동아시아의 공산화를 막을 수 있는 최전방으로 보이기 시작한 것이다. 그렇다면 왜 독일과는 달리 일본 본토가 아니라 한반도가 분단되었을까? 기존의 분석들은 미국이 주도적으로 일본을 공격하고 항복을 받아냈기 때문에 소련이 일본에 대한 기득권을 주장할 명분이 없었다고 설명한다. 그래서 소련과 미국의 세력 싸움 끝에 일본이 아닌 한반도가 분단이 되었다는, 즉 한반도의 분단이 제2차 세계대전 말기의 전황으로 인한 어쩔 수 없는 결과라는 것이다. 그러나 보다 세밀히 따져 보면 한반도 점령에도 소련이 기여한 바는 거의 없었다. 오히려 일본이 항복하기 직전에 미국의 요청으로 얼떨결에 북한으로 진군했고, 일본과의 충돌은 거의 없었다. 이는 한반도가 미국의 사전 계획 또는 적어도 주도적 역할에 의해 분단되었다는 강한 의구심을 갖게 한다. 한반도의 분단이냐 일본의 분단이냐 하는 것은 상당 부분 미국의 선택에 달려 있었다는 말이다. 사진은 진주만에서 일본군의 폭탄에 피격 당해 불타오르는 미국 전함.

지만, 미국은 정당한 전후 처리를 하지 않았습니다. 특히 전쟁의 책임을 물어 독일을 분단시켰다면, 당연히 아시아에서도 한국이 아니라 일본을 분단시켜야 했습니다. 그러나 미국은 일본을 훨씬 더 중요하게 생각했고, 일본을 기필코 자기 세력으로 만들겠다는 대전제를 가지고 모든 일을 처리했던 것입니다.

한국 분단에 대한 미 정부의 공식 설명은 다음 두 가지로 모아집니다. 먼저 논쟁의 초점을 분단의 원인보다 분단 후에 어떻게 한국이 북한에게 먹히지 않고 살아남았는가에 둡니다. 즉 절반이라도 건진 것은 미국의 덕택이라는 논리입니다. 두 번째는 설사 한반도 분단에 미국의 책임이 일부 있다 하더라도, 그것은 당시 소련의 의도를 제대로 간파해 내지 못한 실수이지, 의도한 것은 아니라는 주장입니다. 글쎄요! 전적인 무지나 판단 착오라고 보기 어려운 부분이 너무도 많습니다. 38선이 그어진 과정에 대한 미국의 설명은 더욱 허술하기 짝이 없습니다. 그중에 잘 알려진 한 가지를 볼까요? 일본이 예상보다 일찍 항복하고 소련군이 한반도로 남하하자, 당황한 미국은 1945년 8월 11일 새벽 2시에서 3시 사이에 당시 사무실 벽에 걸려 있던 지도를 가져와 38도선을 그었다고 주장합니다. 그때 사용되었던 지도가 「내셔널지오그래픽」의 지도였으며, 중간 지점으로 생각되는 38도를 '대강' 그었답니다. 한 나라의 운명을 그런 식으로 결정했다는 것도 믿기 어렵지만, 당시 「내셔널지오그래픽」이 출판한 한반도 및 주변 지도 중에는 38도선이 표시된 지도는 하나도 없었으며, 최소한 5도 간격으로 표시된 지도만 있었다고 합니다. 이는 무엇을 말하는 것일까요? 당시 담당자의 증언이 거짓일지도 모르고, 38선 획정이 경황 중에 이루어진 것이 아니라 계획적이었을 가능성이 크다는 뜻이지요.

앞에서도 설명했듯이 미국은 전후 주도권을 잡기 위해 수십 년 동안 아시아에 잘 조성되어 있던 일본의 정치·경제 및 군사 인프라를 바꾸기보다는 그대로 둔 채 최대한 이용하고자 했습니다. 미국이 단독으로 군정을 실시하고 있었으므로, 일본을 통제하는 것은 너무나 쉬운 일이었습니다. 일본만 통제하면 일본이 구축한 아시아를 통제할 수 있다고 본 것입니다. 이렇듯 38도 분단선은 미국의 치밀한 계산의 결과라고 보는 것이 더 정확합니다. 더욱이 한반도의 분할에 대해서 미국은 늘 능동적이었고, 소련은 항상 미국의 견해를 따라가는 형국이었습니다. 38도선 분할안 외에도 다양한 분할 방식들이 미국에 의해서 계속 제의되었다는 점도 이런 분석을 가능하게 합니다.

네 번째 배신은 미 군정당국의 행태에 관한 것입니다. 당시 군정당국은 한국인들을 마치 패전국의 국민들을 대하듯 했습니다. 야만적인 나라를 개화시키러 온 고자세의 점령군으로 행동한 것은 물론입니다. 더욱이 질서 유지를 최우선으로 내세우며 친일파나 일본인들의 신변 보호에만 앞장섰고, 민족단체들의 일제 잔재 청산 작업은 방해했습니다. 시간이 갈수록 미국은 효율적 통치를 위해 친일파들이나 일본 관료들을 통해 남한을 통치하는, 그야말로 이해할 수 없는 정책을 실시했습니다. 오죽하면 당시 「뉴욕타임스」 지가 사설에서 "우리가 쓰레기 같은 침략자 일본은 우방처럼, 그들에게 수십 년간 피해를 입었던 한국인들은 적처럼 대하고 있다"라고 비난했을까요? 처음에는 식민지를 해방시켜 준 고마운 은인이었던 미국이 우리의 눈에도 점점 점령군으로 비쳐지게 됩니다. 한국인은 식민지에서 해방된 것이 아니라 지배자만 바뀌었을 뿐이라고 느꼈던 거지요.

다섯 번째는 한국전쟁 발발과 관계가 있습니다. 1950년 1월 12일 당시 미국의 국무장관이었던 딘 애치슨Dean Acheson은 내셔널 프레스 클럽에서 미국의 태평양 방위선이 알류산열도에서 출발하여 일본과 오키나와를 거쳐 필리핀에 이른다고 선언합니다. 아시아의 방위선을 설정함에 있어 한국을 제외시킨 것입니다. 물론 이 선언이 한국을 포기하겠다는 의미보다는, 방위비 감축에 대한 미국 내의 압력에 대응하는 성격이었다고 하지만, 결과적으로 남한이 당한 피해는 컸습니다. 일부의 주장처럼 애치슨이 의도적으로 남침을 유도한 것은 아니라 할지라도, 북한과 중국, 그리고 소련이 남침을 최종 결심하게 만든 중요한 요소 중에 하나였던 것만은 분명합니다. 이 선언이 있기 이전, 미군과 소련군은 합의에 따라 한반도에서 철수했습니다. 소련군도 북한을 떠났지만 엄청난 군사 협력과 경제 원조를 약속했던 반면에, 미국은 남한에 어떤 보장도 없이 떠났습니다. 당연히 이들 공산주의 동맹국들은 한국이 미국에게 별로 중요한 나라가 아니며, 미국은 얼마든지 남한을 버릴 수도 있다고 느끼게 되었지요. 특히 남침에 있어 미국의 개입 가능성 때문에 끝까지 주저하던 중국과 소련의 맘을 돌리는 데 애치슨의 선언이 큰 역할을 했을 것으로 판단됩니다. ·

여섯 번째 배신은 1980년 광주민주화혁명에서 보여준 미국의 행태입니다. 여기서도 마찬가지로 미국 정부가 전두환 군부 쿠데타 세력과 공모해서 광주학살을 저질렀다고 보기는 힘들다 하더라도 최소한 측면 지원, 또는 방조의 책임은 있습니다. 주권 국가라 하면서 내부의 쿠데타를 미국이 막아 줄 것이라고 기대하는 자체가 사대주의적이라고 할지 모르겠으나, 이는 우리나라의 군 지휘 체계를 이해하지 못해서 하는 말이지요. 한국전쟁 이후 군에 대한 통제는 전적으로 미국의 손에 있었습니다. 미국의 허락 없이는 군대를 독립적으로 움직일 수 없었다는 뜻입니다. 특히 쿠데타 주도 세력 중의 하나였던 노태우 씨가 전방사단을 빼돌려 서울로 이동했던 것은 미국의 허락 내지는 방조 없이는 도저히 불가능한 일이었습니다. 그것도 아니라면, 전두환의 쿠데타나 광주학살을 멈출 수 있는 힘은 최소한 있었습니다. 그러나 미국은 끝내 눈을 감아 버렸습니다.

일곱 번째 배신은 일회적 사건이라기보다 반복적인 미국의 행태입니다. 미국은 시도 때도 없이 주한미군 철수 문제를 들고 나와 한국 국민들에게 안보에 대한 공포를 일으켰습니다. 1970년대 닉슨 행정부 때 제7보병연대를 실제로 철수시켰으며, 카터 행정부 당시에는 제2보병연대를 철수할 구체적인 계획을 세우는 등 철군을 심각하게 고려했을 때도 물론 있었습니다. 그러나 많은 경우에 공식 또는 비공식적으로 철군 가능성을 흘려가며 한국을 길들이려 했습니다. 때로는 한국 정부를 조종하기 위해, 때로는 친미정권에 대한 저항을 무력화하기 위해 철군 카드를 내걸었습니다. 이는 '우리가 너희를 버릴 수도 있다', '너희 생사는 우리 손에 달려있다'라는 식의 협박에 가까웠습니다. 한미동맹이 상호적이고 평등한 동맹이 아니라 절대적으로 비대칭적이며, 한국이 일방적으로 의존하는 동맹이기 때문에 발생하는 현상이었습니다.

주한미군 철수 카드는 미국이 한국을 상대로 최대의 효과를 거둘 수 있는 만병통치약 또는 전가의 보도와도 같습니다. 미국이 주한미군 철수 가능성을 던지면서 자신들이 원하는 대로 한국 사회를 끌어가려는 행태는 탈냉전 후 최근까지 계속되었습니다. 2002년에도 두 여중생이 미군 장갑차에 의해 죽음을 당한 사고를 계기로 한국 내에 반미 정서가 퍼졌었지요. 두 여중생의 사고도 사고지만, 그동안 미군들이 한국 내에서 많은 범죄를 저지르고도 처벌받지 않고 유유히, 그리고 당당히 한국을 빠져나간 것에 대한 불만이 터진 것입니다. 그때도 미국은 철군 카드를 꺼내 들었습니다. 결국 한미동맹의 불평등함을 그대로 반영한 한미행정협정이 그 사건에도 고스란히 적용되어 우리는 아무런 법적 조치를 취할 수 없었습니다. 게다가 사고에 대한 미국의 반응은 오만, 그 자체였습니다. 미국 언론과 정부, 거기에 한국의 보수 신문까지 한통속이 되어 한국의 배은망덕함을 비판할 뿐이었지요. 그들은 한국민들의 정서를 살피는 대신, 거리를 가득 메운 시위대가 미국의 성조기를 불태우는 사진으로 자신들의 매체를 도배했습니다. 대부분의 시위가 비폭력적인 촛불 시위였는데도 말입니다. 그러고는 미군 철수를 언급하며 한국인의 안보 공포를 자극하였고, 보수 세력을 결집시켜 반미 감정에 항의하는 시위를 하게 만들었지요. 어느새 이 사건은 한미 간의 문제가 아니라, 한국인들 사이에 분열을 일으키는 사건이 되었습니다.

2008년 봄에도 비슷한 일이 일어났습니다. 이명박 정부가 광우병 논란이 있는 미국산 쇠고기에 대한 전면 개방을 선언했습니다. 그러자 광우병에 대한 공포가 전국을 휩쓸었고 국민들은 다시 거리로 나가 촛불 시위를 했습니다. 이번에도 한국과 미국의 보수 신문들은 앞장서서 미군 철수를 언급했으며, 촛불 시위에 대한 반대 시위도 재현되었습니다. 촛불 시위의 본질은 반미가 아니라, 아무런 안전장치나 제한조건 없이 무작정 미국산 소고기를 개방해 버린 한국 정부의 잘못된 외교협상에 대한 저항이었는데도 말입니다. 진실이 호도된 이유는 그것이 다른 나라도 아닌 미국의 소고기였기 때문이었겠지요. 건강권을 지키고자 나선 국민의 행동에 좌파나 친북 세력 배후가 있다는 식으로 이념 공세를 하는 것 역시 과거와 하나도 다르지 않았습니다. 이는 탈냉전 후 시간이 흘러도 한미관계에는 여전히 냉전적 기운이 흐르고 있다는 증거이기도 합니다. 또한 미국이 아직도 한국을 길들이는 데에는 주한미군 철수가 최고의 무기라고 믿고 있다는 의미이고요.

미국은 물론 이 일곱 개의 배신들 중에 어느 것 하나 인정하지 않습니다. 그중에서도 한반도 분단에 대한 책임은 아예 언급하지도 않습니다. 역대 미국 대통령들을 포함해서 어떤 고위 인사들도 한미 간의 긴밀한 인연을 언급할 때 1950년 한국전쟁을 시작점으로 삼지, 1945년 소련과 함께 분단을 결정한 것이나, 3년간의 군정을 언급하지 않습니다. 한미관계는 한국전쟁에서 미국이 엄청난 피를 흘려가며 공산화의 위협에서 한국을 구했다는 시점에서만 출발하는 것이 불문율이라는 말입니다. 앞에서 사실을 찍는 다큐멘터리도 카메라 앵글을 어떻게 잡느냐에 따라 전혀 다른 해석을 낳을 수 있다고 했었지요. 분단에 대한 미국의 태도가 그 전형적인 예입니다. 이 때문에 미국인들은, 아니 세계인들 대부분은 한반도의 분단 시점을 1945년이 아니라 1950년 한국전쟁으로 알고 있는 것입니다.

미국의 그늘

미국이라는 우산은 축복인가?

대한민국이 식민지에서 벗어나 근대 국가를 건설하는 데 있어 미국의 역할은 '절대적'이라는 단어로도 부족할 것입니다. 건국 초기에는 미국의 일방적 원조에 기대어 연명하다시피 했으며, 이후에도 미국식 자본주의 체제의 일부가 되어 경제 발전을 이루었습니다. 또한 분단이라는 치명적인 안보 환경은 미군 주둔을 통한 안보우산으로 상당 부분 해결했습니다. 한마디로 한국은 국가의 태생부터 식민지 및 전쟁에 깊이 연관되어 있었고, 이를 벗어나는 과정에서 미국이 깊이 개입하면서 사실상 미국 체제의 일부가 되었다고 할 수 있을 것입니다. 물론 그것은 우리가 자유롭게 선택하거나 거부할 수 있었던 사항은 아니었으며, 거의 전적으로 미국의 선택에 달린 것이었습니다. 미국이 좋은 의도를 가졌든, 아니면 자신의 이익을 위해 우리를 이용하기로 작정했든, 미국은 한국이 넘기 어려운 확실한 경계선으로 자리잡아 오늘까지 이어지고 있습니다. 군사와 정치는 물론이고, 경제·사회·문화 모든 분야에서 한국에 드리운 미국의 존재감은 이렇게 거대했습니다.

특히 식민지, 전쟁, 분단과 더불어 미국이라는 변수는 한국 사회의 보수

성과 비민주성을 크게 강화시켰습니다. 원래 철저한 계급 사회였던 우리 사회가 식민지 시대와 전쟁을 겪으면서 군대, 경찰, 관료 등 국가 기구가 급속도로 커진 반면에 시민사회는 쪼그라들어 버렸던 거지요. 4.19혁명이나 광주민주화운동도 정권의 부패와 억압에 대한 단발성 폭발이었을 뿐, 시민사회로 이어지지 못했습니다. 특히 냉전과 남북 분단 상황은 국가 우위가 지속될 수 있는 토양을 제공했고, 군부 쿠데타와 독재가 반복적으로 일어나는 원인이 되었습니다. 미국은 우리와 달리 시민사회가 상당한 힘을 가진 나라이고, 그 때문에 민주주의를 꽃피운 나라입니다만, 이를 한국에게 적극적으로 전파하지 않았습니다. 그들의 립 서비스와는 달리 미국의 대외정책은 국익이 목적이었지 한국에 민주주의를 전파하는 것이 아니었기 때문입니다.

그러나 한국의 민주주의에 미국의 공헌이 전혀 없었다고 하기는 어렵습니다. 미국은 초기부터 한국에 형식적이나마 의회주의의 기틀을 마련해 주었고, 이후에도 표면적으로는 민주주의 실현을 요구함으로써 그것이 국가 목표의 중심에서 이탈하지 않게 하는 데 도움이 되었습니다. 민주주의를 당장은 실천하지 못해도 언젠가는 도달해야 할 과제로 남게 했다는 말입니다. 이러한 미국의 역할은 마치 나폴레옹이 전쟁을 통해 프랑스혁명의 정신을 전 유럽에 퍼뜨린 것과 비슷하다고 할 수 있습니다. 나폴레옹은 민권혁명의 지지자가 아니었고, 전쟁의 목적도 자유나 혁명정신의 전파가 아니라 영토 확장이었지만, 결과적으로 유럽 절대왕정의 두터운 권력 기반을 송두리째 흔들어 놓았습니다. 마찬가지로 미국 대외정책의 우선순위가 민주주의 수출은 아니었지만, 한국을 포함해 미국에 의존한

미국이 세계 최강이 아니라면?

나라들은 미국 사회의 자유나 민주주의의 간접 영향권에 놓여 있었다고 할 수 있습니다. 그런데도 한국 사회에 개혁이나 진보 세력은 발붙일 틈이 없었습니다. 민주화에 대한 문제 제기만 겨우 있었을 뿐, 군사 독재의 서슬 퍼런 위세에 철저하게 눌려 있었습니다. 보수와 진보가 선의의 경쟁을 하면서 역동적인 사회 발전을 가져오는 풍토는 처음부터 불가능했으며, 현상 유지 계급들만 역사 과정을 독점했습니다. 반공이 국가의 최고 이념으로 자리잡았고, 진보적이고 개혁적인 세력들은 친북 및 안보를 위협하는 세력들로 치부당하는 흑백론이 난무했습니다. 한국 정치는 보수 우익 안에서만 일어나는 권력 나눠 먹기에 불과했던 것입니다.

앞에서 언급했던 미국과 소련의 적대적 공생 원리는 어쩌면 한반도 내부에서 더 강력하게 작동했다고 할 수 있습니다. 김일성 정권의 존재가 남한의 독재정권들에게 무한대의 면죄부를 제공했던 거지요. 독재정권의 탄압과 부패에 대한 국민들의 불만이 커지고 정치가 불안해질 때마다 북한 위협을 들이대기만 하면 그냥 조용해졌으니까요. 그것을 소위 북에서 불어오는 바람, 즉 '북풍北風'이라고 불렀는데, 이 바람이 불기만 하면 불만이나 개혁의 목소리는 바로 기어들어가 버렸습니다. 이런 효과 때문에 독재정권들은 필요할 때마다 가짜 바람을 만들어 내기도 했습니다.

이런 경향은 1980년대 말 민주화가 이루어진 후에도, 그리고 심지어 냉전이 끝난 이후에도 크게 달라지지 않았습니다. 그렇다면 오늘, 이 시점은 다르다고 확실하게 말할 수 있을까요? 아닐 것입니다. 비록 김대중과 노무현 정권 10년간을 진보정권의 시대라고 합니다만, 이들 정권은 오히려 한국 사회에서 진보 세력이 얼마나 무력한지를 보여주었습니다. 국내에서는 보수 세력의 이념 공세에 밀려 친북좌파라는 오해를 받았고, 미국과의 관계 악화로 대외정책 수행에 큰 어려움을 겪었습니다. 미국의 그늘에서 벗어나려는 초기의 노력들은 시간이 갈수록 엄청난 힘을 절감하고 꼬리를 내린 셈이 되었습니다.

평화는 안보에게 자리를 양보해도 좋은가

국가 건설의 기원에 관한 연구로 저명한 미국의 역사사회학자인 찰스 틸리Charles Tilly는 1985년에 매우 흥미로운 논문을 발표했습니다. 논문의 주요 논지는 국가를 건설하기 위해 전쟁을 일으키는 것이 조직범죄, 즉 조폭들의 행태와 유사하다는 것입니다. 국가의 성립 과정이 조직폭력배의 영역 싸움과 비슷하고, 국가 건설 이후 대외정책 역시 조폭들이 자기 구역을 사수하기 위해 때로 협약을 맺고, 때로는 전쟁을 일으키는 모습과 너무 비슷하다는 것입니다.

다소 도발적인 틸리의 주장은 특히 한반도에서 잘 들어맞습니다. 남북한 독재정권들이 전쟁을 통해 영역을 확보하고, 상대방 폭력조직과 경쟁하면서도 공존하는 것이 그대로 대입되니 말입니다. 그런데 남북한은 아마도 조무래기 조폭이었겠지요. 미국과 소련이라는 보스들의 경쟁에서 남북은 행동대장이었다고나 할까요? 형님들은 기 싸움에 몰두하고 정작 피 흘리지 않은 반면, 동생들은 형님들을 대신해서 실제로 치고받는 전쟁을 했습니다. 또 베트남전이나 이라크전 같은 큰 형님의 전쟁들에 행동대원으로 파견되기도 하면서, 제3세계 국가들에게 미국의 앞잡이라는 비난도 한몸에 받았습니다.

이렇듯 미국의 그늘은 한국의 보수화, 안정 지향적인 성향에 큰 영향을 끼쳤습니다. 즉, 미국이 한반도에서 전쟁을 억제하는 역할을 했다고는 하지만, 이런 기능 이면에는 어떤 형태의 변화도 거부하게 하는 강력한 압력도 있었다는 말이지요. 안보지상주의는 다른 평화적 대안을 생각하지 못하게 했고, 한미관계의 특수성은 '과연 우리에게 대외정책의 자유가 있기는 한가'라는 강한 의구심을 갖게 했습니다. 지난 60년 중 유일하게 미군이 주둔하지 않았던 단 1년 동안 한반도에 전쟁이 발발했다는 사실은 미국에 엄청난 프리미엄을 부여하기도 했고요.

물론 안보는 평화의 필요 조건입니다. 하지만 전쟁이 없다는 것만이 평화의 충분 조건이 될 수는 없습니다. 전쟁 같은 직접적인 폭력의 부재는 소극적인 평화에 불과하며, 인간이 진정으로 추구해야 할 적극적인 평화는 이와 더불어 가난, 질병, 인종차별 같은 구조적이며 문화적인 폭력도 없는 상태를 말한다고 노르웨이의 저명한 평화이론가 요한 갈퉁Johan Galtung이 주장한 바 있습니다. 그러나 한국에서는 전쟁 재발 방지만 우선시 되었고, 평화는 안보에 철저하게 종속된 개념으로만 존재했습니다. 한반도에서는 적극적인 평화나, 민족 분단의 아픔 해소, 통일에 대한 열망 같은 중요한 주제들이 끼어들 틈이 없었습니다. 햇볕정책이나 포용정책은 소극적인 평화의 맥락에서 '퍼주기'라는 비판을 받았고, 때로는 북한의 전쟁 준비를 돕는다는 비판을 받았습니다. 미국의 강경책을 비난이라도 할라치면, 그것은 곧 미국의 헤게모니를 받아들이지 않는 것이 되고, 국가의 생존을 포기한다는 비난을 받게 되었습니다. 한국에서 평화를 주장하는 사람들은 모조리 안보 불감증 환자들이거나 철없는 이상주의자가 되었던 거지요.

안보 클리닉:
사랑과 전쟁

한국에 '유독' 착한 미국?

한미관계는 어떤 관점으로 보더라도 분명 특별합니다. 특히 한국전쟁을 계기로 맺어진 소위 혈맹의 관계는 역사상 어떤 군사동맹의 기준으로 보아도 설명하기 어려울 정도로 긴밀하지요. 미국은 북한의 기습으로 말미암은 파멸의 순간에 한국을 구했으며, 이후 반세기 이상 한반도의 평화와 안정을 지켜내는 보호자의 역할을 수행했습니다. 하지만 미국이 한반도에서 챙길 이익도 없는데 한국을 위해 일방적으로 희생한 것은 아니라고 앞서도 설명을 드렸습니다. 그런데도 우리에게 미국은 언제나 일본 제국주의자들을 몰아낸 해방자, 북한의 침략에서 우리를 지켜 준 구원자의 이미지로만 남았습니다. 세계에 비친 미국의 이미지는 두 얼굴의 야누스였는데, 유독 한국에서만큼은 긍정적인 측면이 훨씬 더 두드러졌지요. 우리에게 미국은 전 영역에서 본받아야 할, 그리고 의지해야 할 유일한 나라였습니다. 그렇다 보니 한미관계는 항상 실질보다 명분이나 이념에 매몰되었습니다. 한미관계는 언제든 어떤 가치보다 우선되었고, 있는 그대로 받아들여지기보다는 외교적인 수사로 채색되었던 것입니다. 이런 경향은 과거 독재정권들이 미국에 대한 정보를 통제함으로써 강화되었습니다. 때때로 한미 간 의견 차이가 발생할 때도 자동으로 등장하는 공식 반응은 "한미관계 이상 무"였습니다. 아무리 긴밀한 동맹이라도 국가 간 의견 차이가 발생하고 갈등하는 것이 당연한데도, 양국 관계는 어떤 이견도 허용될 수 없는 성역이었습니다. 참으로 특이한 관계가 아닐수 없습니다. 그래서 혈맹이라는 말 외에 결혼에도 비유합니다. 그런데 이것이 부부 관계라면, 건강한 관계는 아니라고 생각합니다. 상호 동등한 관계가 아니라, 어느 한쪽이 절대 우위를 가진다면 바람직하지 않으니까요. 마치 우리가 고쳐야 한다고 늘 강조하는 한국의 전통적 남성우월주의의 부부 관계에 가까웠다고나 할까요. 독특한 점은 한미관계가 좋을 때는 혈맹, 나쁠 때는 결혼에 비유한다는 점입니다. 한미 간 알력은부부 싸움으로, 동맹 약화는 별거로, 그리고 동맹 해체는 이혼이라고 표현하기도 합니다. 60년이 지나서 이혼을 생각한다면 그것은 아마도 황혼이혼이 되겠죠?

한미관계를 결혼이나 이혼에 비유하다 보니 생각나는 인기 TV 프로그램이 있습니다. 〈부부 클리닉: 사랑과 전쟁〉이 그것입니다. 지나친 선정성이나 극단적인 사례들 때문에 비판받기도 하지만, 다양한 이유로 인한결혼 생활의 위기, 이혼 법정에 가기 전의 조정 신청 과정이 흥미롭게 다루어져 인기가 있지요. 대부분 시청자가 직접 겪은 문제들을 소재 공모형식으로 받아 재연 드라마로 제작한다고 합니다. 여기서 느낄 수 있는변화는 몇 해 전까지만 해도 한국 사회에서 금기시되었던 이혼이라는 화두를 정면으로 다루기 시작했다는 사실입니다. 한미동맹도 마찬가지입니다. 한미 간에 어떤 갈등이 있어도 드러내 놓고 말할 수 없었던 시절에서, 이제는 갈등은 물론이고 이혼 문제도 겉으로 표현하기 시작했습니다. 자, 그렇다면 부부 클리닉에서 다룰 만한 한미동맹의 문제는 과연 무엇일까요?

미국은 무엇을 위해 한반도와 손 잡았나?

숨기기는 했어도(특히 한국 쪽에서) 한미관계가 불편했던 시기는 여러 차례 있었습니다. 이승만 독재를 미국이 비난했던 일이나, 닉슨이 한국에게는 알리지 않고 중국과 전격적으로 수교한 직후 한국이 느낀 배신감, 그리고 그 이후에도 여러 차례 미군 철수를 둘러싼 갈등이 있었지요. 하지만 어떤 것도 한미동맹의 기초를 흔들 정도는 아니었습니다. 동맹이 흔들리기 시작한 것은 탈냉전이 가져온, 동맹의 존재 이유에 대한 근본적인 물음 때문입니다.

사실 탈냉전 초기에는 미국이 먼저 달라진 모습을 보였습니다. 특히 클린턴 행정부 시절에는 남한의 반대에 아랑곳않고 김일성을 조문했고, 북한에 대해 포용정책을 강조하면서 다가가고자 노력했습니다. 남한과의 협력이 과거처럼 자동 일치되지는 않을 수도 있다는 입장을 미국이 먼저 드러낸 것입니다. 클린턴 행정부와 김영삼 정부 시절에는 남북관계가 어려운 가운데 북미관계는 진전되었다면, 김대중 정부에 와서는 반대로 북한 핵개발 문제로 북미관계가 어려워지자, 남한의 햇볕정책과 미국의 강경책이 엇박자를 내었습니다. 그리고 부시 행정부의 출범과 9.11 테러의 발생은 한미동맹을 본격적으로 흔들었습니다.

결혼 생활을 유지하게 해주는 것이 사랑이라면, 동맹을 유지해 가는 데

미국이 세계 최강이 아니라면?

닉슨 대통령은 1972년, 그동안 소원했던 중국을 전격 방문했다. 미국과 중국은 정치적 노선이 달랐으나, 냉전 시대였던 당시에는 중국과 우호적인 관계를 맺음으로써 소련을 압박할 수 있었기 때문이다. 미국은 중국과 '상하이 공동성명'을 발표하여 양국이 아태 지역에서 패권을 추구하지 않겠다고 선언했다. 닉슨의 중국 방문 소식을 들은 한국은 경악했다. 한국전쟁 중 중국의 개입으로 인해 1.4 후퇴를 겪은 쓰라린 기억이 아직 생생했던 것이다. 미국과 중국의 수교에 물꼬를 튼 것은 1971년 4월, 미국의 탁구 선수 대표단이 중국을 방문한, 이른바 '핑퐁 외교'였다.

가장 중요한 것은 무엇일까요? 그것은 바로 적에 대한 위협 인식의 공유입니다. 쉽게 말하자면, 공통의 적이 있고 그 적이 위협적이라는 데 동의해야만 합니다. 한미동맹이 지금까지 튼튼하게 유지된 이유도 같은 적을 가지고 있었고, 그 적에 대한 위협 인식이 일치했기 때문입니다. 그러나 시대가 변했습니다. 냉전이 끝나고 적에 대한 인식이 달라진 것입니다. 사랑이 식거나, 또는 어느 한쪽이라도 사랑에 대한 배신 행위를 저지르면 혼인 관계는 무너집니다. 마찬가지로 서로가 생각하고 있는 적이 달라지면 동맹은 흔들리게 마련입니다.

한미동맹은 1차적으로는 대북억지, 그리고 2차적으로는 북한과 동맹을 맺고 있던 중국과 소련의 팽창을 저지하기 위한 동맹 체제였습니다. 그러나 탈냉전과 더불어 북-중-소의 북방동맹은 와해되다시피 했고, 북한이 생존 위기를 겪을 정도로 약화되면서 남침 가능성도 대폭 감소했습니다. 그리고 2000년 6월 최초로 남북정상이 만나 협력과 공존을 논의하기에 이르렀습니다. 이런 일련의 변화들을 겪으면서 한국은 북한을 적에서 같은 민족으로 보게 될 만큼 달라졌습니다. 그런데 국제정세는 우리의 의지와는 다르게 전개되는 것이 문제였습니다. 한국에 불었던 훈풍과는 달리, 강경파 부시 행정부의 출범과 9.11 테러의 발생으로 미국에는 삭풍이 불었던 것입니다.

탈냉전 후 평화의 시대가 찾아왔다고 기대했건만 단 10년 만에 긴장과 대결 구조로 되돌아갔습니다. 미국은 반反테러 및 대량살상무기 확산 방지를 새로운 세계 전략으로 삼고, 필요하다면 전쟁을 불사하겠다며 전선을 구축했습니다. 문제는 북한이었습니다. 미국이 새롭게 설정한 전선에서 북한은 여전히 적이었던 것입니다. 그것도 '악의 축', '깡패 국가', '폭정의 전초기지'로 불리면서 적진의 중심에 놓이게 되었습니다. 북한은 과거 테러 전력도 있는 데다가 핵무기 개발 문제까지 있어, 미국에게는 도무지 개선의 여지가 없는 적이었습니다. 북한은 북한대로, 아프가니스탄과 이라크가 미국에게 침공을 당하자 다음 타깃이 자신이라고 여기고 자구책으로 핵무기 개발에 더욱 집중했습니다. 악순환의 연속이었지요. 한반도의 오랜 냉전 대결을 극복하고 남북화해를 이루려던 남한은 미국과 북한 사이에서 딜레마에 빠졌습니다. 오랜 동맹으로서 미국을 따르자니 북한과 다시 적대관계로 돌아서야 했습니다. 게다가 미국이 말하는 테러 위협은 한국이 그대로 공유하기 쉽지 않았습니다. 그렇다고 미국이 새로운 전략에서 악의 축으로 삼은 북한 쪽에 서는 것은 더더욱 곤란한 일이었습니다. 시대가 달라지기는 했지만, 한반도에는 여전히 냉전적 요소들이 작동한다는 사실이 혼란을 가중시켰던 것입니다.

이런 와중에 노무현 정권은 애매한 자세를 취할 수밖에 없었습니다. 어떻게 보면 중립적이었다고 평가할 수 있지요. 하지만 이 자체가 친미정책 일변도였던 역대 정권들과는 다른 태도였습니다. 여기에 한국 내에서는 겨우 찾아온 남북의 화해 무드를 미국이 깨뜨리려 한다는 비난이 일었습니다. 이런 여론 형성에는 세계적으로도 비판을 받은 미국의 일방주의도 한몫 했습니다. 또한 미군 장갑차에 의한 여중생 사망 사건과 이라크 파병 반대, 그리고 미군기지 폐쇄나 이전을 요구하는 시위 등으로 대표되는 반미 감정이 전례 없이 폭발했습니다. 마치 그동안 꼼짝 못했던 아내가 동등한 부부 관계를 요구하고 나선 모양새였습니다. '왜 한국은 늘 미국이 원하는 대로 따라야 하는가'라는 감정이 국민들 사이에 퍼지기 시작했던 것입니다. 물론 여전히 한미동맹의 약화를 생존 위기와 직결시키는 사람들이 많지만 말입니다.

노무현 정부의 애매한 태도와 한국 국민들의 반미 감정을 보게 된 미국은 배신감을 느꼈습니다. 한국이 어려울 때 도와주었더니, 정작 미국이 필요할 때는 외면한다고 여긴 것입니다. 다 죽어가는 것을 살려서 먹이고 재워 주니까, 이제 와서 살 만하다고 남편이 힘든 틈을 타서 자신의 권리나 주장하는 배은망덕한 아내라고 생각했습니다. 그렇게 따지면 미국은 처음부터 한국을 동등한 아내로 보지 않은 것 같습니다. 진짜 아내라면 누가 누구에게 은혜를 베풀었다는 본전 생각은 안 했겠지요. 아무튼 미국 여론도 나빠졌습니다. 원하지 않는데 더 이상 미국의 젊은이들을 한국에 주둔시킬 필요가 없다는 주장들이 나왔습니다. 전문가들 사이에서도 미국의 새로운 전략에서 한국의 전략적 가치는 줄었으므로, 한국이 없더라도 미일동맹을 강화함으로써 충분히 공백을 메울 수 있다는 목소리가 힘을 얻었습니다.

과거 레이건의 특별보좌관이었던 덕 밴도우^{Doug Bandow} 같은 사람은 "한미동맹은 냉전을 기초해서 만들어졌다. 냉전은 이미 끝났고, 대북 인식도 판이하게 달라졌으므로 지금이야말로 합의 이혼의 적기"라고 주장했습니다. 지금 헤어져야 '우호적인 이혼^{amicable divorce}'이 가능하지, 시간을 끌면 끌수록 추하게 헤어질 것이라는 논리였습니다. 또한 한국은 스스로 방어할 수 있을 만큼 성장했으므로 미국 시민들의 세금을 낭비하며 무임승차를 허락해서는 안 된다고 주장하면서, 하루 빨리 주한미군 철수를 단행하라고 주문했습니다. 이것이 미국 전체의 의견은 아니었지만, 그 어느 때보다 많은 동조자를 얻었습니다.

부시가 규정했던 악의 축은 단순한 '불량 국가' 이상의 의미를 가지고 있었습니다. 그들에게 김정일은 사담 후세인이나 빈 라덴 같은 악마적 존재이며, 어떤 희생을 치르더라도 제거해야 하는 대상이었습니다. 부시가 이 전쟁에서 중립은 없다고 했듯이, 미국 정부 내 강경파들은 자주외교를 부르짖고 미국의 대북 강경책에 미온적인 노무현 정부를 전혀 중립으로 보지 않았으며, 심지어 빈 라덴을 숨겨준 탈레반 정권과 다를 바가 없다고 인식했습니다. 그렇다면 정말 한국은 의리 없는 아내일까요? 적과 동침하고 남편을 버린 부정한 아내일까요? 당연히 아닙니다! 미국은 시대에 맞지 않는 자신의 일방적인 논리를 강요한 것입니다. 무엇보다도 북한은 미국에게 위협이 될 수 없는 존재입니다. 북한은 한국이나 일본에게라면 몰라도 미국에게는 전혀 위협이 될 수 없습니다. 설사 북한이 핵무기를 가지고 있다고 해도 말입니다.

부시가 재선된 후 「타임」지와 인터뷰를 했을 때입니다. 이라크전쟁이 장기화되고, 전쟁의 명분이었던 대량살상무기가 존재하지 않는다는 사실이 밝혀져 비판 여론이 들끓고 있을 때인지라, 혹시라도 이라크에 대한 전쟁을 후회하는지 인터뷰어가 부시에게 물었습니다. 그러자 부시는 위험에 대해 '덜 반응underreacting'하는 것보다는 '과잉반응overreacting'하는 편이 훨씬 낫다고 했습니다. 스스로 자신이 오버하고 있음을 인정한 것입니다. 북한에 대해서도 마찬가지입니다. 굳이 결혼에 비유한다면, 자기 의견에 동의하지 않는다는 이유만으로 아내의 부정을 의심하는 의처증에 가깝다고나 할까요?

한미동맹은 미래에도 필연인가?
:평화의 디딤돌과 걸림돌 사이

과거 속에서 헤매고 있는 동맹

한반도에서 냉전은 그 탄생에 대한 책임이 누구에게 있느냐를 떠나 실재하는 현실이었습니다. 북한이 남침을 했고, 전쟁 이후에도 그 위협은 계속되었습니다. 병 주고 약 주는 행위라고 하더라도, 그리고 그 때문에 한국 역사에 독재가 판을 쳤어도 한미동맹은 한반도의 안보를 지키는 큰 축이었습니다. 그런데 냉전도 끝나고 시대가 변했는데도 한미동맹이 과거와 똑같다면 어떻게 받아들여야 할까요? 북한이 아직 살아 있기 때문이라고 주장할 것인가요? 아니면 한반도 주변은 세계 열강들이 끊임없이 세력 경쟁을 하는 위험한 곳이기 때문일까요? 그 때문에 한미동맹은 미래에도 여전히 필연일 수밖에 없는 것일까요? 한미동맹이 우리에게 평화의 걸림돌이라고 생각해 본 적은 없나요?

매년 7월 27일이 되면 정전협정을 기념하는 행사가 열립니다. 과거에는 거의 기념하지 않았었는데, 탈냉전 후부터 비로소 챙기기 시작했습니다. 특히 지난 2003년에는 정부뿐 아니라 시민단체들에 의해 50주년 기념식이 대대적으로 거행되었습니다. 그런데 가만히 생각해 보면 종전이나 평화협정의 체결이라면 몰라도 정전협정은 그리 기념할 만한 것이 아닌 듯합니다. 정전협정은 기껏해야 전쟁의 잠정적 '멈춤'일 뿐이기 때문입니다. 그런데도 행사를 치르는 것은 반세기를 훌쩍 넘긴 전쟁의 잠정 중단 상태가 해결되지 않고는 한반도에 평화란 없다고 생각했기 때문이었습니다.

정전 체제 반세기라는 것은 세계 역사상 그 유례가 없는 아주 기형적인 현상입니다. 전쟁이 끝나면 한 국가가 다른 국가에게 병합되거나 평화조약 체제로 이행하는 것이 보통인데, 한국전쟁은 세계 전쟁사 중에 가장 긴 시간 동안 전쟁도 평화도 아닌 어정쩡한 휴전 상태를 유지하고 있는 것입니다. 정전협정 이후에도 총성 없는 이념의 전쟁과 민족 간의 분열은 우리들의 정치·사회·문화 모든 분야에서 수많은 비극을 초래했습니다. 이는 냉전이 끝난 지금도 계속되고 있고요. 세계에는 이념 분쟁이 종식되었지만 이 땅에는 여전히 분단이 지속되고 있기에, 사람들은 한반도를 '탈냉전의 바다를 떠도는 냉전의 섬'이라고 부릅니다. 게다가 북한이 핵무기를 개발하고, 미국이 북한의 정권을 무리하게 바꾸려 함에 따라 위기 상황이 지속되고 있습니다. 한반도에서 다시 전쟁이 일어난다는 것은 생각도 하기 싫은 일입니다. 세계에서 가장 강력한 화력과 최대 규모 병력이 근거리에 대치하고 있는 한반도에서 전쟁 재발은 공멸을 의미합니다. 이것이 우리가 정전 체제의 불안정성을 명확하게 인식하고 평화로 가야 하는 가장 큰 이유입니다.

마찬가지로 정전 체제에 기초를 둔 과거 지향의 한미동맹은 평화의 걸림돌일 뿐, 디딤돌이 될 수는 없습니다. 한국과 미국은 냉전의 흑백논리를 극복하고, 특수한 혈맹 관계에서 벗어나 보다 보편적이고 실용적인 관계로 바꾸어야 합니다. 관계에 절대적인 생명력을 공급하던 안보 위기도 더 이상 유효하지 않습니다. 물론 이미 신화화되어 버린 한미동맹이 쉽게 변하지 않고, 우리의 안보 의식을 사로잡고 있는 것이 사실입니다. 그러나 한미동맹의 변화는 대세이며 필연이라는 사실을 이제는 받아들여야 합니다. 북한의 남침 가능성이 상대적으로 낮아진 만큼 동맹의 응집성이 낮아지는 것은 불가피하지요. 물론 북한은 아직 남한에 적대적이고, 동북아 강대국들은 세력 경쟁을 하고 있으므로 동맹은 중요합니다. 하지만 그렇다 해도 한미동맹은 이미 과거와 같을 수 없습니다. 북한 핵위기도 마찬가지입니다. 잠시 과거의 환영을 불러왔지만, 그에 속아서 시대를 돌릴 수는 없다고 봅니다. 독립 국가에 외국 군대가 반세기 넘게 주둔하고 있다는 것은 어딘가 한참 비정상이지 않습니까? 미국의 안보우산은 이미 한국에게 아편이 되었다는 생각이 듭니다. 이제 중독에서 벗어나야 할 때입니다. 한미동맹에 대한 절대적 의존은 '전부'와 '전무' 사이의 극단적인 선택만을 남겼습니다. 그러나 한미공조와 남북공조가 서로 공존할 수 없는 제로섬의 관계처럼 보여도 어느 하나를 완전히 포기해야 할 만큼 막다른 골목은 아닙니다. 한미동맹이 약화된다고 당장 남한의 생존이 문제되지 않으며, 남북공조가 강화된다고 한미 간의 파트너십이 무너지는 것은 아닙니다. 우리는 실용주의 관점에서 보다 유연한 동맹을 추구해야 합니다.

동북아에서 미국의 역할이나 정체성은 참으로 특이합니다. 미국은 분명 지리적으로 아메리카 대륙에 속해 있음에도, 19세기 말부터 동북아 핵심 중의 핵심 국가가 되었습니다. 동북아에서 미국의 중요성은 긴장과 비례하고, 안정이나 평화와는 반비례하는 것이 특징입니다. 즉 동북아의 긴장이 고조되면 미국의 중요성은 높아지지만, 반대로 동북아가 안정되면 미국이 동북아에서 영향력을 행사할 수 있는 당위성은 작아집니다. 물론 미국의 영향력은 전 세계에 미치지만, 그럼에도 불구하고 동북아에 긴장이 해소되고 평화가 찾아온다면 필연적으로 중요성이 떨어집니다.

미래의 한미관계에 빠뜨릴 수 없는 또 한 가지는 상호성 확보입니다. 이미 양국 모두 상호성 확보를 새로운 한미관계의 근간으로 보고 있기는 합니다. 그러나 현재 한국과 미국이 원하는 상호성의 내용은 매우 다릅니다. 통상적으로 동맹이란 비슷한 국가끼리 공통의 위협에 대해 비슷한 의무와 기대를 가지고 맺어집니다. 그래서 한미동맹의 공식 명칭도 한미상호방위조약입니다. 그러나 지금까지 한미관계는 강대국과 약소국 사이에 비대칭적으로 체결되는 일방적 보장 조약이었습니다. 최근에 와서 한미 양국 모두가 이런 구도를 불편해하기 시작했습니다. 그동안 경제 발전과 국력 신장을 이룬 한국은 보다 동등한 관계를 원하게 되었습니다. 과거와는 달리 한미동맹이 권력 유지의 필수 조건은 아니라는 점을 깨달았고, 1990년대 중반 이후로 진행된 남북 화해 무드, 특히 2000년 남북정상회담 이후에 미국에 대한 일방적 의존을 재고할 필요를 느꼈기 때문이기도 합니다. 미국 역시 상호성의 변화를 원하고 있습니다. 그러나 미국이 말하는 상호성은 미국만 일방적인 도움을 제공하는 것이 아니라, 한국이 미국의 필요에 적극적으로 지원하는 것을 의미합니다. 다시 말해서 더 이상 일방적인 보장동맹을 유지하지 않겠다는 것입니다. 주한미군 주둔의 부담금을 올리는 것은 물론이고, 전 세계 미군의 재배치 전략에 따라 한미동맹을 확장시켜, 미국이 필요하면 언제라도 분쟁 지역에 급파할 수 있게 만들고자 합니다. 특히 부상하는 중국을 견제하는 데 한미동맹을 적극 이용하겠다는 구상을 하고 있지요. 그러나 미국의 방식대로 동맹이 재편될 경우, 북한뿐 아니라 중국과의 관계가 악화될 수 있기 때문에 한국은 적잖게 주저하고 있습니다. 이러한 변화는 부시 행정부의 과도한 패권주의 성향 때문에라도 동의하기 힘듭니다. 그렇지만 영원히 우리 측에만 유리하게 동맹을 끌고 갈 수 있을까요? 그것이 어렵다면 동맹의 수준을 낮추는 방안을 생각해 봐야 할 때입니다.

미국과 한국의 제자리 찾기

과연 동북아 평화에 가장 바람직한 미국의 역할은 무엇일까요? 중장기적으로는 미국이 균형자 또는 평화유지군 같은 역할을 담당하는 것이 좋을 것이라고 생각합니다. 중국은 물론 북한도 이러한 미국의 역할을 수용할 의사를 여러 번 밝혔습니다. 이런 틀 안에서 한국은 지금까지의 냉전적 동맹이 아닌 동북아의 안정이라는 목표를 공유하는 협력 관계를 구축하는 것이 필요합니다. 이를 위해 당장은 아니더라도 한국 내 미군 주둔은 점차 감축하고, 어느 시점에는 철수하는 것이 바람직하다고 생각합니다. 북한이 1950~1960년대 소련과 중국의 경쟁 구도를 적절히 이용하는 소위 '시계추 외교pendulum diplomacy'로 실리를 챙겼던 적이 있습니다. 시계추 외교가 성공하기 위해서는 캐스팅 보드가 먹혀들 수 있는 환경이 전제되어야 합니다만, 어떻게 전략적으로 활용하는가도 매우 중요합니다. 피해야 할 것은 명확하게 한쪽 편을 드는 것입니다. 지금의 동북아는 확실하게 한쪽 편을 들어야만 하는 냉전 상황이 아닙니다. 미국 편에만 설

필요는 없다는 말입니다. 물론 적대관계가 될 필요는 더더욱 없습니다. 전략적으로 어느 정도 모호함을 유지하는 것이 필요합니다.

시리아 북쪽과 터키 남쪽에 걸쳐 있는 타우르스^{Taurus} 산맥은 유명한 독수리 서식지입니다. 독수리는 고도가 높은 곳에 둥지를 틀고 사는 것으로 알려져 있습니다. 그런데 갈매기 떼가 독수리들이 살고 있는 지역을 수시로 지나간다고 합니다. 갈매기들이 소리를 내면서 지나가면, 독수리는 그 소리를 듣고 쫓아가 잡아먹습니다. 그래서 똑똑한 갈매기는 소리를 내지 않기 위해 비행 전에 돌덩이를 물고 산을 넘어간다고 합니다. 한국은 동북아에서 이런 노련한 갈매기가 되어야 합니다. 한국은 너무 쉽게 자신을 노출합니다. 북한도 열강에게 너무 속을 훤히 드러내곤 합니다. 노련한 갈매기처럼 많은 경우 전략적 모호성을 택할 필요가 있다는 말입니다.

광개토대왕의 일대기를 다룬 드라마 〈태왕사신기〉에 나왔던 이 장면을 기억하시는지요? 출정 직전에 왕이 부하들에게 비장한 분위기로 말합니다. "죽지 마라! 목숨을 버리고 싸우는 놈은 필요 없다. 어떻게든 끝까지 살아남아 내 옆에 있어다오. 이것은 왕의 명령이다."
조국을 위해, 대의를 위해 목숨을 바쳐 싸우라는 리더들과는 사뭇 다른 명령입니다. 이것이 명분과 이념을 강조하는 사람들에게는 조잡스럽게 느껴지고, 약삭빠른 이기주의로 들릴 수도 있습니다. 그러나 미국 패권뿐 아니라 동북아의 여러 강대국들 사이에 끼어 있는 우리로서는 이런 전략이 꼭 필요하다고 생각합니다.
실리를 챙기며 살아남아야 합니다.

미국이 아니었다면, 세상은 좀 더 행복했을까?

- 맺는 말

진실에 다가가는 의심 하기

의심을 위한 의심은 바람직하지 않습니다. 그러나 진실에 보다 더 가까이 접근할 수 있는 의심은 꼭 시도해 봐야 하지 않을까요? 어디를 보는가, 또는 어떻게 보는가에 따라 세상의 진실이 달라진다면, 관점을 뒤집는 시도가 필요하다고 생각했습니다. 그래서 미국이 세계 최강의 패권이라는, 이 시대의 진리와도 같은 전제를 뒤집어 보기로 했던 것입니다. 미국이 최강이 아니라면 이 세상은 지금보다 나은 세상이 될 수 있었을까요?

지금까지 살펴봤듯이 미국은 유럽의 질서를 벗어나 자유와 평등의 원칙 위에 새로운 국가를 건설했고, 오랜 기간 조용히 힘을 키우다가 제2차 세계대전 이후 본격적인 패권으로 등장했습니다. 그리고 지금까지 줄곧 세계를 지배해 왔고요. 냉전 대결조차도 해와 바람의 내기처럼 미국이 자신에 유리하게 만든 게임이었기에 질 수가 없었습니다. 한 국가가 전 세계를 이토록 압도했던 적은 이제까지 없었지요. 그것도 영토 정복이라는 원시적인 방법이 아니라, 소프트 파워를 통한 세련된 지배로 자발적 복종을 끌어낸 국가가 바로 미국이었습니다. 그런데 그 패권이 21세기에 너무나 거칠고 위험해졌습니다. 그나마 과거에는 스스로 규칙을 만들긴 했어도 다른 국가들이 동의할 만했습니다. 또 그것을 지키려고 노력하는 모습을 보였고요. 그러나 관용은 사라지고 어떤 이유의 불복종이든 전혀 용납하지 않는 패권이 되었습니다. 무기와 폭력을 휘두르는 군사주의를 전면에 내세우자, 막강했던 소프트 파워조차 무력해 보입니다.

노르웨이의 저명한 역사가 가이어 룬드스타드Geir Lundstad는 미국을 강제와 폭력을 휘둘렀던 과거의 제국들과 구별하기 위해 '초대받은 제국empired by invitation'이라고 불렀습니다. 많은 사람들이 공감했기에 유명해졌지만, 이제는 이런 평가가 더 이상 미국과 어울리지 않아 보입니다. 지금은 오히려 미국의 대표적 진보 사학자인 하워드 진Howard Zinn의 지적이 더 호소력 있게 들립니다. 그는 미국의 역사가 처음부터 지금까지 단 한 번도 강자의 역사가 아닌 적이 없었으며, 미국의 헌법과 정신, 도덕, 종교적 겸손 등은 돌에 새겨 기록보관소에 쳐박아 두고 실제로는 반대자를 억압하고 강제로 제거하는 역사였다고 통렬하게 비판합니다.

세계 최대의 재래식 무기와 핵무기를 동시에 보유한 나라, 약소국만 골라 때리는 비겁한 나라, 세계 최대의 소득 격차와 빈곤층을 가진 나라, 세계 최다의 의료보험 미가입자를 보유한 나라, 세계 최고의 범죄율과 수감자를 가진 나라 등 미국이 가진 불명예들은 헤아릴 수 없습니다. 이런 사실 비판 외에도 오만함, 무자비함, 가벼움, 탐욕스러움, 소란함, 부도덕함, 무지 등 다양한 감정적 조롱들도 쏟아지고 있지요. 2001년 9.11 테러 이후 실시된 세계의 많은 여론 조사들은 미국의 이미지가 최악으로 변한 사실을 보여 줍니다. 부시 행정부에 대한 공공연한 적의는 시간이 갈수록 미국인 전체에 대한 깊은 불신으로 확대되고 있는 실정입니다.

루마니아 출신인 미국의 비교정치학자 안드레이 마코비츠^{Andrei Markovits}는 '반미주의'가 오늘날 세계적으로 진보를 증명하는 가장 강력한 공통분모가 되고 있다는 통찰력 있는 지적을 했습니다. 미국은 공공의 적이 되었고, 미국에 대한 적대감이 중동, 남미, 아시아는 물론이고 심지어 유럽인들까지 하나로 묶는 동아줄이 되고 있다는 말입니다. 반미주의는 강자에 굴복하거나 찬양하지 않는 저항의 이미지를 주기 때문이라는 것이지요. 이는 한편으로는 미국이 그만큼 미움을 받고 있다는 뜻이고, 또 다른 한편으로는 미국이 너무 강하다는 뜻일 겁니다.

'미국이 세계 최강의 패권이 아니라면?' 이 책이 던지는 질문을 이 시점에서 다시 던진다면, 진짜 정답은 아마 '이렇게 욕을 먹지도 않았을 것이다'가 될지도 모르겠습니다. 사람들은 최고를 싫어합니다. 그것도 경쟁을 허용하지 않고 독점하는 1위를 미워하는 법입니다. 1위는 잘해도 욕을 먹고, 잘못해도 욕을 먹는 억울한 경우가 많은 법이지요. 마코비츠는 다시 지적합니다. 사람들이 뉴욕 양키스, LA 레이커스, 레알 마드리드, 맨체스터 유나이티드 같은 세계 최고의 명문 구단들이 약팀에게 패배할 때 가장 큰 쾌감을 느끼는 심리처럼, 우리는 미국이라는 거인이 휘청거릴 때 기뻐한다고요. 9.11 테러가 터졌을 때 세계인들이 한편으로는 동정을 보냈지만, 다른 한편으로는 미국의 오만함에 대한 당연한 심판이라고들 했다지 않습니까? 에펠탑이 붕괴되고, 영국의 빅 밴 시계탑이 폭파된다 해도 아마 그런 반응은 없었을 것입니다.

부시 행정부가 미국에 대한 총체적 불신을 극단까지 몰아간 것은 사실이지만, 정말 미국이 그렇게 나쁜 나라일까요? 다른 강대국이 패권을 차지했다면 달라졌을까요? 그렇지는 않을 것입니다. 그것은 미국을 국익을 우선하는 보통 국가와 구별해서 특별하게 윤리적이기를 기대하는 것만큼이나 순진한 발상이겠지요. 미국의 잘못된 정책에 근거한 비판이 아니라면 그것은 편견입니다. '나는 당신을 미워해'라는 말과 '나는 당신이 한 짓을 미워해'라는 말은 구별되어야 할 것입니다. 우리 속담에도 '죄는 미워하되 사람은 미워하지 말라'고 했지요. 전적으로 동의합니다!

이 책을 통해 저는 미국에 대한 날 선 비판들을 했습니다. 그러나 미국, 또는 미국인이기 때문에 특별히 악하다고 주장하고 싶은 의도는 없었습니다. 최고이기에 무조건 비난하는 반미 '주의'에는 동의하고 싶지 않습니다. 우리는 가끔 관대한 지도력으로 세계를 감동시키는 그런 제국을 떠올리지만 지구상에서 그런 제국은 단 한 번도 없었지요. 서구 문명의 뿌리가 된 로마의 관용과 동양 문명의 기초를 세운 중국의 도덕적 지도력을 누군가 제기할지도 모르지만, 따지고 보면 헤어진 첫사랑에 대해서는 좋은 추억만 남는 것과 비슷하지 않을까요? 과거 제국의 좋은 모습과 현재 미국이 가진 어두운 모습들을 비교하는 부당함이 있는 것은 아닌지요. 특히 오늘날 중동이나 남미국가들의 반미주의는 당한 것이 있으니 일면 이해가 가지만, 유럽이 한 목소리로, 그것도 도덕적인 관점에서 반미를 외치는 것은 좀 그렇습니다. 특히 유대인 학살의 주범인 독일이 미국의 원주민 학살을 비난하는 것은 낯뜨겁습니다.

미국은 개별 국가나 그 이념, 사회 기반, 통치 방법 등으로 치면 다른 국가들보다 합리적이고 법치주의적인 나라입니다(물론 상대적인 측면에서 말입니다). 그렇다면 또 다른 질문이 꼬리를 뭅니다. 어느 나라든 패권을 잡으면 자신의 이익을 위해 다른 나라를 억압하고 필요할 때마다 전쟁을 일으키기 마련이라면, 미국에 대한 비판은 멈추어야 하는 것입니까? 그것은 아니지요! 그래도 미국의 잘못된 정책은 비판을 받아야 마땅하고, 또 가능하다면 바로잡으려고 노력해야 합니다. 최소한 모른 채 당할 수는 없기에 미국의 진정한 모습을 알아야 한다고 믿습니다.

미국에 의해 평화가 지켜질 것이라거나 혹은 미국 때문에 평화가 무너진다는 말은 모두 맞는 말일 수 있습니다. 이것이 과장이 아닌 이유는, 그만큼의 능력을 미국이 가지고 있기 때문입니다. 그러나 '평화를 위한 전쟁'이라는 미국의 논리에는 설득력이 없습니다. 패권 질서에 반대하는 국가는 모두 악의 축이고, 또 깡패 국가라고 주장하면서 무력으로 응징하겠다는 것이 오히려 깡패 국가에 가까운 발상이지요. 지금 미국은 메시아적 군사주의에 중독되어 아무런 비판이나 진실한 충고를 귀담아 들으려 하지 않습니다. 미국의 자존심을 긁는 비판만 가지고도, 미국에 대한 위협이라고 간주하는 경향을 보입니다. 이란이나 북한은 그렇다고 치더라도, 베네수엘라의 우고 차베스Hugo Chavez의 톡톡 튀는 반미적 언행마저도 위협으로 간주하고 안보적 대응이 필요하다고 주장하는 사람들이 미국 행정부 내에 실제로 있다는 사실은 오늘날 미국의 모습을 적나라하게 드러냅니다. 미국 내 분위기도 마찬가지입니다. 미국 사회가 가진 진짜 힘은 이념적 쏠림이 있을 때마다, 이를 견제하려는 내부의 비판적 지식인들이 항상 존재했다는 사실입니다. 그런데 9.11 테러 이후에는 이런 비판과 자성의 목소리까지 사라져 버렸지요. 물론 이라크전의 장기화로 인해 부시 행정부에 대한 불만이 커진 것은 사실이지만, 그래도 미국의 전반적인 보수화를 견제할 진보 세력의 힘은 여전히 미약해 보입니다. 진보가 항상 옳은 것은 아니고 진보도 얼마든지 독선적이 될 수 있지만, 오늘날 미국 사회는 참다운 진보 진영의 회복과 세력화가 시급해 보입니다.

그러나 우리의 진짜 걱정은 미국이라는 거대한 존재가 붕괴될 경우, 그 후폭풍을 어떻게 피할 수 있을까에 있습니다. 어떤 제국도 흥망과 성쇠를 피해갈 수 없었습니다만, 과거의 제국들과는 비교할 수 없을 정도의 힘을 가진 미국이 붕괴의 위기에 빠진다면 세상이 뒤집어지는 폭발적 변동이 초래될 수 있습니다. 그리고 세계화로 말미암아 국가 간 상호의존이 극대화된 오늘날, 이런 변동이 초래할 연쇄 폭발의 위력은 감히 짐작조차 하기 어렵습니다. 강자가 밉더라도 그의 위기에 열광하는 본능을 애써 자제해야만 하는 이유가 여기에 있습니다.

미국이 치명적인 이유 중 하나는 과도한 군사주의, 다른 하나는 무모한 카지노 경제라고 앞에서도 지적했습니다. 이는 미국이 지금까지 패권을 유지한 가장 큰 힘이었을지도 모르지만, 이제 미국을 침몰시킬 가장 큰 아킬레스건이 되고 있습니다. 이미 늦었는지도 모르는, 깊은 상처를 애써 숨기고 있는 이 패권의 실체에 대해서 우리는 정확하게 알아야만 합니다. 미국이 자신들의 위기와 멸망의 길로 우리를 동반하고 세계를 끌고 갈지도 모른다는 사실을 알아야 하고, 또 대비를 서둘러야 합니다.

특히 우리나라는 미국의 군사주의에 어떤 국가보다 더 많이 중독되어 있습니다. 미국이 만든 전후 질서에서 미국의 전위대 역할을 충실히 하며 비슷한 처지의 제3세계 국가들로부터 배신자라는 낙인까지 찍힌 적도 있었습니다. 이 땅에는 미국이 구석구석 심어 놓은, 무려 95개의 크고 작은 군사기지가 있으며, 우리 군대는 미국이 저지르는 무리한 전쟁들에 최근까지도 동원되어 용병 노릇을 했습니다. 호가호위, 즉 호랑이를 뒤에 두고 완장 찬 권력을 휘두르는 여우처럼 말이지요. 물론 냉전과 분단의 현실 속에서 살아남기 위한 어쩔 수 없는 선택이었다는 것을 인정해야 하기도 합니다. 그러나 세상은 변했습니다. 이제 맹목적으로 미국의 정책을 편들고 부화뇌동하는 것은 그만두어야 할 때입니다. 워낙 오랜 기간 미국에 의지해 온 관성이 있어 홀로서기가 어색하고 불안할 수 있지만, 반드시 극복해야 할 일이지요. 9.11 테러 이후 반복되는 미국의 무리수가 오히려 한국에게는 전환의 계기를 제공한 셈입니다. 물론 미국을 적으로 만들 필요는 없습니다. 우리는 여전히 미국과 좋은 관계를 유지해야 하지요. 하지만 냉전적 군사동맹의 덫으로부터 하루빨리 빠져나와야 할 것입니다.

• 걸프전쟁

1990년, 당시 이라크의 대통령이었던 사담 후세인이 쿠웨이트를 침공하여 점령하고 통치권을 행사하자 서방 각국은 이라크의 침략을 규탄하며 응징을 결심했다. 유엔 안보리도 이라크에 무력을 사용하도록 승인하자, 미국이 연합군을 결성하여 1991년 이라크를 공격했다. 연합국은 공격 개시 100시간 만에 종식을 선언했다. 이라크에 약 20만 명의 사망자가 발생한 반면 연합군에서는 378명의 전사자가 나왔다. 걸프전의 결과 중동은 미국의 절대적 영향력 안으로 편입되었다. 후세인이 쿠웨이트를 침공한 이유는 쿠웨이트가 다량의 원유를 과잉 공급하여 이라크 경제를 위기에 몰아넣었다는 것이었다. 걸프전은 마치 시뮬레이션 게임처럼 텔레비전을 통해 전 세계에 전달되었다.

• 국제부흥개발은행International Bank for Reconstruction and Development

제2차 세계대전 이후 황폐화된 국가들에 재건 비용을 조달하기 위해 만들어진 국제기구. 현재는 그 이름이 세계은행World Bank으로 바뀌었으며, 역할도 확대되어 저발전 국가들을 원조하는 역할도 수행하고 있다.

• 국제연맹League of Nations

미국의 윌슨 대통령의 주도와 베르사유 체제의 결과로 1920년 설립된 국제기구. 제1차 세계대전에서 승리한 연합국을 중심으로 구성되었다. 초기에는 세계 평화라는 목적을 향해 꾸준히 걷는 듯하였으나, 1930년대 들어 신흥 세력의 침략 행위에 조치를 취할 수 없을 정도로 약화되었다. 결국 제2차 세계대전이 일어남으로써 붕괴되었다. 제2차 세계대전 이후 국제연맹의 약점을 보완하여 탄생한 것이 국제연합, 즉 UN이다.

• 국제통화기금International Monetary Fund

1945년에 세계 무역의 확대를 통한 고용 증대, 소득 증가, 생산 자원 개발을 목적으로 설립된 국제금융기구. 현재 185개국이 가맹국으로 있다. 우리나라는 1955년 가맹국이 되었다. IMF는 국제수지 적자로 인해 외환위기를 겪는 나라에 구제금융을 제공한다. 구제금융을 신청하는 국가는 그 대가로 경제 정책과 경제 구조에 대한 강제적인 조건을 수용해야 한다. 이는 경제주권이 크게 제약됨을 의미한다.

• 니얼 퍼거슨Niall Ferguson, 1964~

영국 출신의 정치·경제학자. 현재 하버드 대학교 경제학부 교수로 있다. 근대 제국주의에 관한 정통 학설에 도전한 수정주의 역사가로 알려져 있다. 그는 도덕성이야말로 나라가 부강해지는 힘이라고 주장하며, 이라크 전쟁이 행복한 결말로 끝날 확률은 100분의 1에 불과하다고 말한 바 있다.

• 마셜 플랜Marshall Plan

유럽 부흥 계획으로도 알려져 있다. 미국은 마셜 플랜을 통해 4년 동안 전쟁의 참화를 입은 유럽의 선별된 국가들에 120억 달러 이상의 돈을 쏟아 부었다. 여기에 참여한 국가는 오스트리아, 벨기에,

덴마크, 프랑스, 서독, 영국, 그리스, 아이슬란드, 이탈리아, 룩셈부르크, 네덜란드, 노르웨이, 스웨덴, 스위스, 터키 등이다. 마셜 플랜은 서유럽에 공산주의가 뿌리내리는 토양이 되었을지도 모를 경제 혼란을 제거해 주었다는 점에서, 경제적 측면에서의 봉쇄정책이었다. 그 외에도 미국은 마셜 플랜의 일환으로 국적 상실자 계획을 수립하여 30만여 명의 유럽인들에게 미국 시민권을 부여했다. 마셜 플랜 수혜자의 태반은 홀로코스트에서 살아남은 유태인들이었다. 이러한 사례는 지금도 외국 원조의 정당성을 주장할 때 강력한 논거로 인용된다. 그러나 좌파 비판가는 마셜 플랜을 미국의 이타주의로 보기보다 세계를 경제적으로 지배하기 위한 미국 자본주의의 확대로 본다. 미국은 자국 산업이 토해 놓은 생산물을 팔 시장으로서 유럽이 필요했던 것이다.

• 모리스 알레Maurice Allais, 1911~
프랑스의 경제학자다. 시장과 자원의 유효 이용에 관한 이론을 연구한 공헌으로 노벨 경제학상을 수상했다. 1987년 뉴욕 증권 시장에서 일어났던 주가 대폭락 사건, 즉 블랙 먼데이Black Monday를 예측하기도 했다.

• 문호개방정책Open Door Policy
미국이 중국과 교역하는 열강 사이의 기회균등원칙을 보장하고 중국의 영토적·행정적 보전을 위해 취한 외교선언이다. 마치 제국주의에 반대하는 정책으로 보이지만, 실제로는 후발 제국주의 국가로서 선발 제국주의의 경제에 끼어들기 위한 책략의 성격이 강하다.

• 밀로셰비치의 인종 청소
'발칸의 도살자'. 슬로보단 밀로셰비치 전 세르비아 대통령을 부르는 다른 이름이다. 당시 유고 연방의 중심이었던 세르비아는 '세르비아에 의한 유고 통치'라는 민족주의를 내세워 크로아티아, 보스니아, 코소보 등 발칸 전역에서 전쟁과 학살을 자행했다. 밀로셰비치는 1997년 유고 연방 대통령에 올라서도 철권 통치를 휘둘러 독립을 선포한 보스니아인들을 가차 없이 학살했다. 또한 1998년 코소보 사태에 개입하여 이른 바 '인종 청소'를 벌이기도 했다. 이로 인해 보스니아에서만 25만 명이 사망하고, 구 유고 연방 내에서 300만 명 이상이 난민이 되었다. 밀로셰비치는 구舊유고슬라비아국제형사재판소에ICTY에 의해 전쟁 범죄와 학살죄, 반인도적 범죄 혐의로 기소되었고, 재판을 받던 중 2006년 감옥에서 사망했다.

• 범슬라브주의
슬라브 문화의 우수성을 주장한 낭만주의 운동이었으나, 후에 러시아 제국을 중심으로 슬라브 민족들을 통합시키는 데에 이데올로기로 이용되었다. 또한 국제적으로 중부 유럽의 슬라브 민족을 통합하겠다는 러시아 남하정책의 명분으로 이용되기도 했는데, 독일과 오스트리아의 범게르만주의와 충돌하여 결국 제1차 세계대전에 이르게 된다.

• 베르사유 체제
1919년, 제1차 세계대전 후 독일과 연합국 사이에 베르사유 조약이 맺어졌다. 조약의 주요 내용은 독일에게 막대한 배상금 부과, 군비 및 재무장 제한, 전쟁 재발을 막는다는 목적으로 국제연맹을 창설하기로 한 것 등이다. 이 조약의 체결로 형성된 국제 질서를 베르사유 체제라고 한다.

• 볼셰비키 혁명
볼셰비키는 소련 공산당의 전신인 러시아 사회민주노동당 정통파를 가리키는 말이다. 과격한 혁명주의자, 또는 과격파를 의미하기도 한다. 이들이 1917년에 일으킨 혁명을 볼셰비키 혁명이라고 하며, 11월 혁명이라고도 부른다. 레닌의 주도로 차르 정권을 뒤엎고 권력을 장악한 프롤레타리아 혁명이다.

미국이 세계 최강이 아니라면?

• 블록 경제
무역 장벽을 쌓아 경쟁력을 높이는 수단으로 몇몇 나라가 블록을 형성하여 그 영향권 안에서는 관세 없이 무역하도록 허용하고, 영향권 밖에는 배타적인 장벽을 쌓는 경제 체제. 일반적으로 국가 또는 지역 사이의 자유무역협정, 즉 FTA 체결로 출발하는데 유럽연합EU이나 북미자유무역협정 NAFTA 등이 대표적 예다. 이를 지지하는 이들은 FTA가 세계 무역 자유화를 위한 중간 단계라고 주장하지만, 대부분의 경우 배타적 블록 경제를 형성하고 있다.

• 시계추 외교
냉전 시대에 북한 김일성 정권이 두 공산권 국가, 즉 중국과 소련 간의 패권 대립을 이용하여 전개한 외교를 일컫는다. 강대국의 틈바구니에서 약소국이 어떻게 자신의 생존권을 확보하고 이익을 챙길 수 있는지를 보여 준 전형적인 성공 사례로 인정받고 있다.

• 아부그라이브 포로수용소
이라크 최대의 정치범 수용소. 엄청난 규모를 가진 데다가 1990년대 후반에 감옥을 청소한다는 명목으로 2,500명 이상을 처형한 장소여서, 중동 지역에서 악명을 떨치고 있다. 2003년 미국이 이라크를 침공한 뒤에는 미군이 이라크인들을 수용하는 시설로 이용했다. 2004년에는 미군이 아부그라이브 포로수용소에서 포로들을 잔혹하게 고문하고 성적으로 학대했다는 사실이 세계에 알려져 큰 비난을 받았다. 구금된 포로들은 대부분 연합군을 향해 공격했거나, 아니면 공격 가능성이 있다고 여겨지는 사람들이었다.

• 앙시앵 레짐Ancien Régime
프랑스어로 '구體제도'라는 뜻. 프랑스혁명 이전의 정치·사회 체제를 일컫는다. 귀족, 성직자 등 소수가 대부분의 특권을 차지하는 현실에 대한 국민의 불만이 담긴 말로, 프랑스혁명의 계기가 되었다.

• 애치슨 라인
1950년 1월12일, 미국의 국무장관이었던 애치슨은 아시아 전략에 관한 연설에서 '태평양 방어선'을 발표하며 한국을 제외시켰다. 이승만 정부의 노력에도 불구하고 애치슨 라인은 수정되지 않은 채 한국전쟁이 터졌다. 이에 이승만의 측근들은 "애치슨이 김일성의 침략 야욕을 촉발했다"라고 비난했다고 전해진다. 2007년에 「뉴욕 타임스」 파견 종군 기자로 베트남 전쟁의 실상을 파헤쳐 퓰리처상을 수상한 데이비드 핼버스탬David Halberstam은 자신의 저서 「가장 추웠던 겨울The Coldest Winter」에서 한국전쟁을 "미국이 처음으로 '오만한 어리석음'을 드러낸 전쟁"으로 평가했다.

• 요한 갈퉁Johan Galtung, 1930~
노르웨이 출신의 세계적인 평화학자이자 평화운동가이다. 노암 촘스키, 하워드 진과 더불어 서방의 대표적인 반체제 학자로 알려져 있다. 1970년대 이후 남북한을 수십 차례 방문한 바 있는 유럽 내 한반도 전문가이기도 하다. 그는 미국 제국주의가 2020년 안에 몰락할 것이라는 견해를 밝힌 바 있다.

• 우고 차베스Hugo Chavez, 1954~
베네수엘라의 61대 대통령. 중남미의 반미·좌파 정권의 대표주자다. 미국이 주도하는 세계 질서와 신자유주의에 반대하는 정책으로 널리 알려져 있다. 그는 베네수엘라 수출액의 80퍼센트를 차지하는 석유를 이용하여 무상 교육과 무상 의료를 시행하여 빈민층의 폭넓은 지지를 받고 있다.

• 임마누엘 월러스타인Immanuel Wallerstein, 1930~
미국 뉴욕 주립대 교수. 급진적 지식인으로 유명하다. 자본주의적 세계체제론을 주장한 종속이론가로 유명하다. 그가 말하는 세계 체제는 불평등한 시장의 부당한 분배와 착취를 통해 이윤을 축적하는 세계 자본주의 경제 체제다. 세계체제론은 이런 자기모순이 축적되어 결국 붕괴할 것으로 예측했다.

• 찰스 틸리Charles Tilly, 1929~2008

미국의 사회학자로 영미권 역사사회학 분야의 권위자다. 그의 주된 관심사는 거대한 사회 변화와 정치적 분쟁, 그리고 갈등의 관계다. 그는 1500년 이후 현대에 이르기까지의 서유럽을 대상으로 이 주제에 관해 연구했다. 특히 유럽의 국가는 전쟁으로 말미암아 탄생했다는 '전쟁국가가설'이나 국제 정치를 마피아나 조직폭력배들의 영역 쟁탈전에 비유하는 등 논쟁적인 이슈들에 대해서 많은 논문을 발표했다.

• 케인스 경제학Keynesian economics

영국의 경제학자 존 케인스에 의해 정립된 경제 이론이다. 케인스 경제학은 공공과 민간이 함께 중요한 역할을 하는 혼합 경제를 장려한다. 이는 방임주의적 자유주의의 실패로 인한 문제점을 해결하기 위해 착안된 것이다. 1929년 미국 월가의 주식 폭락으로 시작된 경제 대공황에 대처하기 위한 경제 이론으로, 정부의 대규모 개입정책의 당위성을 뒷받침함으로써 위기에 빠져 있던 자본주의에 해결책을 제시했다.

• 크렘린

원래 의미는 중세 러시아의 성벽을 가리킨다. 오랫동안 러시아 황제가 거주했으나 1918년 이후 소련 정부의 본거지가 되었다. 그리하여 소련 정부와 당, 또는 당국자를 가리키는 말로 쓰이기도 한다.

• 탤컷 파슨스Talcott Parsons, 1902~1979

미국의 사회학자다. 구조기능분석론을 확립하여 사회 체계론을 전개하였다. 미국의 사회학 발전에 탁월한 업적을 남긴 인물로 평가받고 있다. 하버드 대학교 사회학과 교수로 지내면서 수많은 저명한 사회학자들을 길러낸 것으로도 유명하다.

• 테크노크라트Technocrat

기술을 뜻하는 테크놀로지Technology와 관료를 뜻하는 뷰로크라트Bureaucrat의 합성어로서, 과학적 지식이나 기술을 소유하여 사회 또는 조직의 의사 결정에 중요한 영향력을 행사할 수 있는 전문적인 관료를 일컫는다.

• 폴 케네디Paul Kennedy, 1945~

1988년 발표한 저서 『강대국의 흥망Rise and Fall of the Great Powers』으로 세계적인 석학의 반열에 오른 군사전략가이자 외교·국제관계 전문가다. 현재 미국 예일대학교의 역사학 교수이다. 『강대국의 흥망』에서 폴 케네디는 미국, 소련, 서유럽의 쇠퇴와 중국, 일본 등 아시아 강국들의 부상을 예견했다.

• 하워드 진Howard Zinn, 1922~

'실천적 지식인'의 표상으로 일컬어지는 사회운동가, 역사학자다. '역사는 아래로부터 만들어지는 것'이라는 일관된 자세로 저술과 강연 활동을 전개하고 있다. 노엄 촘스키와 공동으로 베트남전쟁을 비판하는 운동을 펼치기도 했다. 홈페이지 www.howardzinn.org를 통해 근황을 알리고 있다.

• U-보트 작전

제1차 세계대전 중 독일은 배 대신 잠수함을 이용해 군함과 상선을 가리지 않고 영국선을 공격했는데 이를 U-보트 작전이라고 부른다. U-보트란 영어식 표현으로 한다면 잠수함under sea boat의 줄임말이다. U-보트는 제2차 세계대전에서도 사용되어 커다란 전과를 올렸다. U-보트의 파괴력과 세계에 미친 영향이 어찌나 컸던지, 여러 번 영화화되기도 했다.